Für Victoria

W0238893

Inhaltsverzeichnis

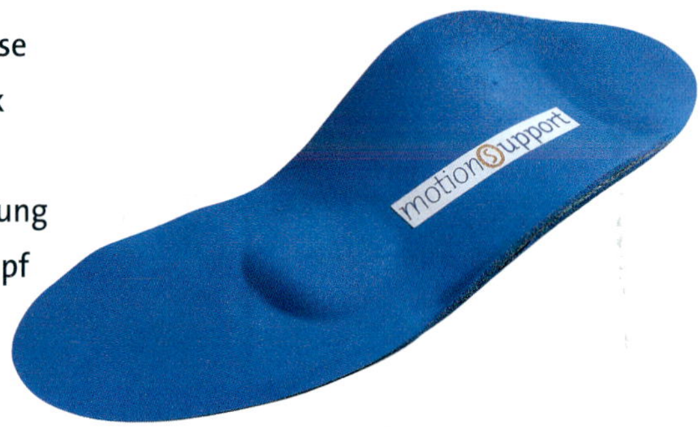
motionSupport

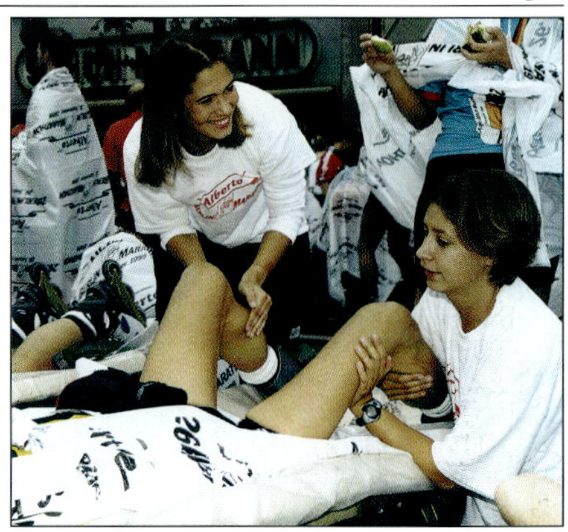

Schnellfinder

Vorwort

Eine ganze Reihe von Überzeugungen halten sich hartnäckig bei Generationen von Läufern – so zum Beispiel das „gute" Abrollen des Fußes, die „böse" Überpronation.

Einigkeit besteht sicherlich dahingehend, dass Gehen und Laufen völlig natürliche Bewegungsformen sind, die sich über Jahrmillionen der menschlichen Existenz hinweg entwickelt haben – unbeeinflusst von irgendeiner Form von Schuhen. Also können wir davon ausgehen, dass der barfuß verwendete Laufstil der natürliche Laufstil ist.

Barfuß langsam zu gehen heißt den Fuß mit der Ferse relativ vorsichtig auf den Boden aufzusetzen. Dabei reichen die sehr dünnen Dämpfungspolster unter dem Fersenbein aus, den Knochen und die darüber liegenden Gelenke bei dieser vergleichsweise langsamen Bewegungsform vor Stößen zu schützen.

Barfuß zu laufen hingegen bedeutet für ca. 95 % aller Menschen, die Gelenke von Fuß und Bein in Verbindung mit der vorgespannten Muskulatur zur Dämpfung der bei jedem Schritt auftretenden Kräfte (sog. Bodenreaktionskräfte) zu nutzen. Und die können ganz erhebliche Größenordnungen annehmen, denn das Laufen ist ja – physikalisch gesehen – eine Aneinanderreihung von Sprüngen. Der Körper wird gegen die Erdanziehungskraft beschleunigt und fällt von der erreichten Höhe wieder hinab. Man rechnet pro Schritt mit einer Belastung in der Größenordnung des zwei- bis dreifachen Körpergewichtes. Verständlich ist deshalb auch, dass allein das nur etwa einen Zentimeter messende Polsterfett unter der Ferse für die Dämpfung derartiger Kräfte nicht ausreichen kann.

Fraglos haben sich die Lebensbedingungen seit Adam und Eva geändert, nicht zuletzt auch die Bodenverhältnisse. Barfußlaufen auf Asphalt ist uns nicht möglich. Das bedeutet aber nicht, mit dem Tragen weich dämpfender Laufschuhe auch den aktiven Laufstil über Bord zu werfen.

Optimale Koordination heißt für den Menschen immer, den Ablauf einer Bewegung so zu steuern, dass Ökonomie (geringer Energieverbrauch) und nötigenfalls hohe Geschwindigkeit mit möglichst schonender Belastung in Einklang gebracht werden. Letzteres bedeutet vor allem, die einwirkenden Kräfte in Höhe, Richtung und Beschleunigung so zu kontrollieren, dass kritische Grenzen nicht überschritten werden.

Der Schlüssel hierzu liegt für den Läufer und die Läuferin im „aktiven Laufen". Selbstverständlich ist es nicht unproblematisch, nach vielleicht schon jahrelangem Lauftraining den Laufstil zu wechseln – aber es ist möglich. Voraussetzung dafür ist allerdings ein vorsichtig dosierter, schrittweiser Beginn und in der Regel auch ein gezieltes Kraft- und Flexibilitätstraining der besonders beanspruchten Muskelgruppen. Andererseits würde ich das aktive Laufen auch nicht unbedingt als Evangelium bezeichnen. Sicher gibt es eine Vielzahl von Läufern, die jahrelang beschwerdefrei über die Ferse laufen. Vermutlich, weil sie einen besonders belastbaren Bewegungsapparat haben bzw. bewusst oder unbewusst andere Dinge richtig machen (Ausgleichssport?).

Für viele Fachleute zählt das aktive Laufen zu den wesentlichsten prophylaktischen Maßnahmen, und zwar nicht allein zur Vorbeugung von laufspezifischen Überlastungserscheinungen, sondern auch hinsichtlich der Vermeidung von Rückenschmerzen, Kniescheibenbeschwerden und vieler anderer Funktionsstörungen des Bewegungsapparates – von der unübertroffenen Wirkung des Laufens auf Herz-Kreislauf- und Stoffwechselerkrankungen ganz zu schweigen. Aber die ist im wesentlichen unabhängig vom Laufstil.

Das vorliegende Buch von Matthias Marquardt gibt eine Vielzahl von Erklärungen und Anregungen, wie man dem aktiven Laufen näher kommen kann. Und in welchen Fällen dies nicht ratsam ist. Worauf zu achten ist und welche Schritte man (buchstäblich!) wann zu unternehmen hat.

Der Orthopädieexperte **Dr. med. Thomas Wessinghage** ist Chefarzt der Rehaklinik Saarschleife. Im Jahr 1982 wurde er Europameister über 5.000 Meter.

Ich wünsche Ihnen Freude und Erfolg bei der Umsetzung der Inhalte dieses Buches – vor allem aber beim (aktiven) Laufen!

Herzlichst,
Ihr

Dr. med. Thomas Wessinghage
Mettlach-Orscholz, im Januar 2002

Vorwort

Laufen ist die Wunderpille unserer Zeit. Steigende Leistungsfähigkeit, Gewichtsabnahme, körperliche Gesundheit, Stressabbau und vor allem Freude an der Bewegung – die Effekte eines regelmäßigen Lauftrainings sind atemberaubend und lösen einen großen Teil der Probleme, die unsere zivilisierte Welt mit sich brachte.

Über viele Jahre habe ich zahlreichen Menschen bei Seminaren und in Büchern das Laufen näher gebracht. Meine Empfehlungen für einen gelungenen Start in den Laufsport wurden stets ergänzt durch Informationen zur richtigen Bewegungstechnik, denn nur mit der richtigen Technik und korrektem Material führt tägliches Laufen nicht zu den sonst fast unvermeidlichen Überlastungserscheinungen und Beschwerden.

Mit der richtigen Technik zu laufen muss glücklicherweise niemand von uns wirklich neu erlernen. Als Kinder war für uns richtiges, natürliches, federndes Laufen selbstverständlich. Wir Erwachsenen allerdings haben diese fröhliche Kunst verlernt.

Die natürliche Laufbewegung braucht also nur reaktiviert zu werden. Dieser Wechsel auf den federnden Vor- oder Mittelfußlaufstil der Kinder und Laufprofis bedarf freilich der sorgfältigen Führung eines Trainingsprogrammes.

Dieses Buch ist das erste, das sich ausführlich mit diesem wichtigen Thema befasst. Hier erfahren Sie alle Insiderinformationen zu einer natürlichen, gelenkschonenden Lauftechnik, die auch ich persönlich seit vielen Jahren erfolgreich anwende.

Ich wünsche Ihnen noch mehr tägliche Freude beim Erleben eines neuen Laufgefühls!

Ihr

U. Strunz

Dr. med. Ulrich Strunz
Roth, im Januar 2002

Der „Fitnesspapst", Buchautor und Ironman-Finisher **Dr. med. Ulrich Strunz** ist Facharzt für Innere Medizin und entwickelte das Forever-young-Programm für körperliche und geistige Höchstleistungen. Seine Bücher verkauften sich millionenfach.

Über dieses Buch

Was macht der Anfänger, bevor er mit dem Tennisspielen beginnt? Er nimmt sich einen Trainer, um sich durch das Erlernen der richtigen Schlagtechnik vor Verletzungen zu schützen und effektiver spielen zu können. Auch der Golfspieler opfert einen gehörigen Teil seiner Zeit, um die korrekte Abschlagtechnik zu erlernen. Bei jedem Schwimmer und Skiläufer wird das vorbereitende und begleitende Training der Technik akzeptiert und für notwendig befunden.

Nur der Läufer meint, er könne 150 Euro für einen Laufschuh ausgeben und sei dann durch diese Investition in die moderne Technik vor Verletzungen geschützt. Techniktraining? Nein danke! Laufen kann schließlich jeder: Schuhe geschnürt und los geht's. Die Teilnehmerzahlen der Stadtmarathons und Volksläufe steigen unaufhörlich und die Masse der Läufer plumpst gemütlich mit der Ferse auf das Dämpfungssystem ihres Hightech-Schuhs...

Leider scheinen die Verletzungszahlen der Läuferschaft trotz intensivster Bemühungen der Schuhindustrie jedoch nicht zu sinken. Laufen gehört nach wie vor zu den Sportarten mit den höchsten Verletzungsraten am Bewegungsapparat. So manch ein Anfänger, der von seinem Internisten das Laufen empfohlen bekam, wurde ab diesem Tage Stammgast beim Orthopäden.

Nun, bevor es aber Schuhe mit weichen Dämpfungssystemen gab, waren Läufer gezwungen mit der natürlichen Technik des Vorfußlaufens die Stoßbelastungen abzufangen. Gibt es hier vielleicht einen Zusammenhang? Können wir jegliche Verpflichtung zum Erlernen der Technik einer Sportart mit dem Schuhkauf abgeben oder müssen auch wir Läufer so wie die eingangs erwähnten anderen Sportler einen Teil unserer Zeit zum Erlernen der richtigen Technik opfern? Müssen wir den natürlichen Bewegungsablauf, das Landen auf dem Vorfuß mit seiner sanften Federung, so wie es in der Evolution einmal vorgesehen war, erst wieder lernen?

Es sieht so aus, liebe Leser! Nicht obwohl, sondern gerade weil 95 % aller Läufer mit ihren dicken Zwischensohlen inzwischen auf der Ferse landen und damit wahrscheinlich einen großen Teil der klassischen Laufverletzungen provozieren.

Das Problem der letzten Jahre war allerdings, dass die Dauerläufer, egal ob Anfänger oder Fortgeschrittener, oft unüberlegt an die natürliche Technik des Vorfußlaufens herangingen. 10, 20 oder gar 30 Jahre über die Ferse abrollen, um dann von einem Tag auf den anderen den Vorfuß und die Wade zu belasten? Dies mit Schuhwerk, das eigentlich für das Rückfußlaufen ausgelegt ist? Das muss mit einer Überlastung enden! So hat das Vorfußlaufen den Ruf des Verletzungsauslösers bekommen. Die vermeintlich häufiger auftretende Achillessehnenentzündung wird hier genauso wie Spreizfußbeschwerden ins Feld geführt. Die Laufschuhindustrie springt auf diesen Zug nur allzu gerne auf, um weitere Argumente für die modernen Laufschuhe mit teuren Technologien zu haben, die uns beim Abrollen über die Ferse angeblich so sicher vor Verletzungen schützen...

Hier liegt also das wahre Problem: Die mangelnde Vorbereitung auf eine Lauftechnik, die wir alle einmal perfekt beherrscht haben! Egal ob der Gesundheitssportler durch die sanftere Stoßabsorption und die muskuläre Korrektur von Fehlstellungen gesünder seinem Hobby nachgehen will oder ob der Leistungssportler aus Marathon und Triathlon durch die effizientere Technik seine Laufleistungen steigern will: Wer wieder natürlich laufen möchte, der wird sich vernünftig vorbereiten müssen.

Wie? Das konnte bisher an keiner Stelle nachgelesen werden. So entstand die Motivation ein Buch zum „natürlichen Laufen" zu schreiben. Ein Buch, das Laufen als technische Sportart beschreibt!

Ich wünsche Ihnen viel Spaß beim Lesen und Trainieren! Bleiben Sie gesund!

Ihr

Matthias Marquardt
Dorfmark, im März 2002

Der optimale Laufstil

Der optimale Laufstil

Keine Frage: Jeder Mensch hat eine ganz persönliche Art und Weise sich zu bewegen. Der große Läufer mit langen Beinen wird dabei immer eine andere Form wählen als der kleine Läufer mit kurzen Beinen. Der kräftige Athlet wird sich ebenso von dem grazilen Leichtgewicht unterscheiden wie der Sprinter vom Langstreckler.

Vor- oder Rückfußlaufen?

Unter dem Gesichtspunkt der Individualität des Sportlers und der Abhängigkeit der Bewegungsart von der Laufstrecke wird auch immer wieder gerne die Technik des Vor- und Rückfußlaufens bewertet. Ganz klar ist: Athleten laufen mit zunehmendem Tempo fast ausschließlich auf dem Vorfuß. Dies beschränkt sich aber bei Weitem nicht nur auf die Sprinter – auch auf Marathonstrecken bedient man sich gerne dieses effizienten Laufstils. Die breite Masse der Läufer jedoch landet ihr Körpergewicht bei niedrigerem Tempo nicht auf dem Ballen des Fußes, sondern weitaus weniger elegant auf der Ferse.

Meist ist die Diskussion an dieser Stelle beendet. Bei hohem und höchstem Tempo stellt sich die Bewegung auf dem Vorfuß ein. Wer langsamer unterwegs ist, der läuft zwangsläufig über die Ferse. Punkt.

Die Natürlichkeit des Laufens

Ganz abgesehen davon wird immer wieder auf die Natürlichkeit des Laufens verwiesen. Jeder beherrsche schließlich die Laufbewegung seit jüngster Kindheit und werde deshalb automatisch den für sich effizientesten Weg suchen, um sich laufend fortzubewegen. Bei uns Europäern sei dies in der überwiegenden Mehrheit der Rückfußlauf, was man an den zahlreichen Sportlern bei Stadtläufen oder Trainingsrunden im Park beobachten könne. Leichtgewichtige Kenianer hingegen bewegten sich von Natur aus auf dem Vorfuß, was nichts Weiteres als eine andere Veranlagung widerspiegele.

Die Laufschuhindustrie ist natürlich mit dem entsprechenden Material zur Stelle, um den Läufern das Abrollen über die Ferse so angenehm wie möglich zu machen. Dämpfungssysteme sind heute in jedem Schuh integriert und sollen einen wirkungsvollen Schutz vor Verletzungen und Gelenkverschleiß darstellen.

Mit Vorurteilen leben?

So kommt es, dass ein Läufer, der in unseren Breitengraden die Laufbewegung auf dem Vorfuß ausführt, die Ratschläge vieler Mitmenschen und Sportkollegen über sich ergehen lassen kann: Vorfußlaufen sei ungesund, führe zu Verletzungen! In der Bewegung des Läufers gehöre der ganze Fuß abgerollt, alles andere sei gesundheitsschädlich. Wenn schon Vorfußlaufen, dann sei dies etwas für Sprinter oder kenianische Fliegengewichte auf der 10.000-Meter-Distanz, für die dies der natürliche Laufstil sei. Für uns gälten da eben schlichtweg andere Gesetze.

Ist dies alles wirklich wahr? Was ist denn der natürliche Laufstil? Die Lauftechnik, die unserem Bewegungsapparat den geringsten Schaden zuführt und seine biomechanischen Möglichkeiten am effektivsten nutzt, wird ohne Zweifel die sein, die er unter natürlichen Bedingungen einnimmt. Also gut: Nehmen wir also den europäischen Durchschnittsjogger und lassen ihn eine Weile barfuß auf einem natürlichen Untergrund laufen. Unter diesen Umständen wird jeder Läufer binnen kurzer Zeit die Belastung von der Ferse auf den Vor- oder Mittelfuß verlagern. Dies hat ganz einfache Gründe: Die Stoßdämpfung ist so wesentlich besser als beim Fersenlaufstil und auch die Bewegungskontrolle der Gelenke wird optimiert. Nur zu: Probieren Sie es selbst aus!

Die Errungenschaften der Dämpfungssysteme

Der Verdacht liegt nahe, dass wir einzig und allein aufgrund unserer neuen Umgebungsbedingungen allesamt zum Fersenläufer umstrukturiert wurden. Hierfür sind in erste Linie die Schuhe verantwortlich. Nur aufgrund der weichen Dämpfungssysteme nämlich zieht es der Läufer überhaupt erst in Betracht sein Körpergewicht ungebremst auf die Ferse donnern zu lassen. Es fährt einem im wahrsten Sinne des Wortes durch Mark und Bein, wenn man barfuß auf der Ferse landet. Nun mag manch einer diesen Fortschritt zu schätzen wissen und sich fragen, warum an dieser Stelle gegen die Laufschuhentwicklungen der letzten Jahre mobil gemacht wird. Schließlich sei mit Stoßabsorptionssystemen wie Luft, Gelen oder Kunststoffen doch eine suffiziente Dämpfung erreicht, und dann könne man diese schließlich auch nutzen.

Abb. 1.1: Ein Techniker par excellence: Wolfram Müller, Deutschlands Nachwuchshoffnung Nummer 1.

Moment! „Sind denn unsere Probleme durch diese Entwicklungen gelöst worden?", muss man an dieser Stelle zurückfragen. Nein, lieber Leser: Laufen zählt nach wie vor zu den Sportarten mit den meisten Verletzungen und Überlastungsschäden am Bewegungsapparat.

Eine gewichtige Rolle in dem Geflecht der Ursachen spielt auch die bereits angedeutete Bewegungskontrolle, die beim Fersenläufer gegenüber dem Vorfußläufer wesentlich verringert ist. Dem Produkt dieser schlechten muskulären Bewegungskorrektur, also der als Übeltäter heraufbeschworenen Überpronation, wurde von der Laufschuhindustrie sodann werbewirksam mit entsprechenden Stützsystemen zu Leibe gerückt. Leider konnte man den Kampf gegen den Verletzungsflächenbrand aber auch mit Einführung der Dämpfungs- und Stützsysteme kaum gewinnen.

Hightech im Laufschuh scheint also nicht die gewünschte Lösung für die so zahlreichen Verletzungen zu liefern. Die Schuhe werden immer ausgefeilter (und immer teurer!), die Wartezimmer der Orthopäden jedoch füllen sich!

Die Tücken des Fortschritts

Das, liebe Sportfreunde, nennt man Fortschrittsfalle. Wissenschaftler kennen immer mehr Details aus der komplexen Biomechanik des Menschen, nehmen sich dieser an, stellen aber hinterher fest, dass sie mit ihren Korrekturen im großen Uhrwerk der Laufbewegung gar wenig Änderungen zum Positiven vollbringen – wenn nicht sogar Verschlechterungen erzeugen! Neueste Studien beweisen, dass die Ansprüche an einen Laufschuh, der den Fuß optimal fördert, viel minimalistischer sein müssten. Das Verlangen nach immer stärkerer Dämpfung und Stützfunktion – ist es überholt? Wir behandeln dieses schwierige Thema in Kapitel 7.

Aus der Medizin kennen wir dieses Phänomen schon lange. Beispielsweise begleitet uns ein immer größerer Wissenszuwachs über die komplexen Regelvorgänge des Immunsystems, aber bis auf eine symptomatische Therapie sind auch die besten Ärzte bei den dramatisch zunehmenden Allergien machtlos. Es ließen sich viele solcher Beispiele finden.

Manchmal hilft es da, einen gehörigen Schritt zurückzutreten und einmal mit etwas Abstand unsere Lebensumstände zu betrachten. Es dauerte eine Weile, bis man auch in der modernen Medizin anerkennen musste, dass vielleicht doch all die Umweltgifte und chemisch versetzten Lebensmittel Einflüsse auf unser komplexes Immunsystem haben können, auch wenn wir sie im einzelnen noch nicht kennen. Ein Zusammenhang lässt sich in Zeiten, wo kaum mehr ein Brötchen ohne Backtriebmittel, ein Apfel ohne Spritzmittel oder ein Brotaufstrich ohne Geschmacksverstärker den Weg auf unseren Teller findet, fast nicht mehr leugnen.

Von Experten und solchen, die welche werden wollen

Gehen Sie doch mal bei dem viel simpleren Problem der Läufer diesen gehörigen Schritt zurück und schauen sich die natür-

Abb. 1.2: Ohne Schuhwerk stellt sich die natürliche Bewegung des Vorfußlaufens von selbst ein.

liche Laufbewegung an. Der Mensch läuft dabei auf dem Vorfuß, das haben sie bereits gelernt. Liegt in der natürlichen Stoßdämpfung und der muskulären Bewegungskontrolle eventuell ein Lösungsansatz für die vielschichtigen Probleme, die uns den Spaß am Laufen verderben?

„Mitnichten", werden einige selbst ernannte Experten aufschreien, „dieser Laufstil verursacht sogar Verletzungen!" Wer sind aber diese »Experten«? Nun, die lauferfahrenen Trainer aus der Leichtathletik in den wenigsten Fällen. Dann schon eher bestimmte Leute aus dem (Verkaufs-) Umfeld der Hightech-Schuhe, die Lobbyisten der Sportartikelindustrie. Oder erstaunlicherweise einige Ärzte, die die Zusammenhänge von Verletzungen und mangelnder Lauftechnik sowie ungeeignetem Schuhwerk mit fachärztlichen Scheuklappen nicht erkennen wollen oder können. Es geht im Falle mangelnden eigenen Wissens eben nichts leichter als einem Patienten mit Kniebeschwerden einen gut gedämpften und gestützten Laufschuh zu empfehlen, den er geschmeidig auf dem Rückfuß zu benutzen habe, so wie es in jedem Laufgeschäft von den anderen »Experten« vermittelt wird. Wie gut diese Ratschläge helfen, hat ein Großteil von Ihnen sicher selber schon erfahren dürfen. Aber wenn doch teuerste Dämpfungs- und Stützsysteme im Schuh vorhanden sind, was um Gottes Willen soll man mehr noch tun?

Laufen ist nicht gleich Laufen

Die Antwort ist einfach: denken! Ich schlage vor, Sie betrachten unabhängig von irgendwelchen vermeintlichen Expertenmeinungen einmal selbst zwei Bewegungsarten. Eine, die uns durch jede Menge Technik im Laufschuh erst ermöglicht wurde und eine weitere, die als natürlicher Laufstil etwas in Vergessenheit geraten ist. Doch bevor wir uns den verschiedenen Laufstilen widmen, schauen wir uns unsere Füße einmal etwas genauer an.

EXKURS:
Der menschliche Fuß – Wunderwerk der Natur

In der menschlichen Evolution haben sich die Werkzeuge Hand und Fuß in sehr unterschiedliche Richtungen entwickelt. Die Hand wurde zu einem komplexen Greifwerkzeug mit so vielfältigen und feinen Bewegungsmöglichkeiten, dass sie technisch auch im dritten Jahrtausend kaum kopiert werden kann.

Der menschliche Fuß hingegen hat durch die Entwicklung des aufrechten Ganges andere Qualitäten ausgebildet. Er musste von diesem Zeitpunkt an das gesamte Körpergewicht tragen können, was besondere Anforderungen an die Stabilität der Konstruktion stellt. Allerdings war das sichere Vorankommen auf jeglichem Untergrund genauso wichtig: Sand, Gras, Steine – auf all diese Bedingungen muss der Fuß sich anpassen können, um dem Menschen stets eine sichere und effektive Fortbewegung zu ermöglichen.

Was der Fuß können muss

Hierdurch ergeben sich bestimmte Anforderungen an die Beweglichkeit und Flexibilität. Aber noch etwas muss der Fuß in der Bewegung leisten: Er muss den Körper vor starken Stoßbelastungen schützen, die empfindliche Organe wie das Gehirn schädigen könnten.

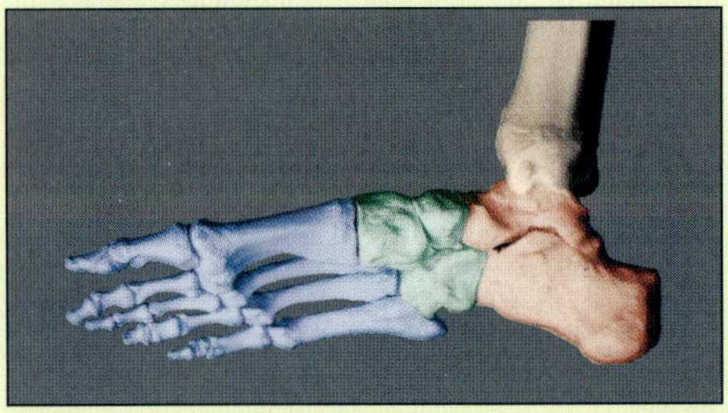

Diese teilweise widersprüchlichen Aufgabenstellungen löst der Fuß über eine besondere Anatomie. Der Fuß besteht aus 26 Knochen. Der Vorfuß wird aus den fünf Zehen gebildet, die mit den fünf Mittelfußknochen (Metatarsalknochen) in Verbindung stehen. Diese repräsentieren ihrem Namen gemäß den Mittelfußbereich des Skeletts. Sie stellen den Kontakt zwischen dem Vorfuß und dem Fußwurzelbereich her, der über das obere und untere Sprunggelenk beweglich mit dem Unterschenkel verbunden ist (Abb. 1.3).

Eine tragende Aufgabe: die Fußgewölbe

Alle Knochen gemeinsam formen die beiden Gewölbe des Fußes. Das Quergewölbe spannt sich vom Mittelfußköpfchen der Großzehe bis zum Mittelfußköpfchen der kleinen Zehe in einem flachen Bogen auf. Das mächtigere Längsgewölbe ist besonders an der Innenseite des Fußes gut zu erkennen und verläuft in einem Bogen vom Fersenbein bis zu den Mittelfußköpfchen. In der klassischen Anatomie geht man deshalb von einem Dreipunktekontakt der Fußsohle mit dem Untergrund aus. Diese Gewölbe können unter Belastung nachgeben und schützen so übergeordnete Strukturen vor harten Stößen (Abb. 1.4 a und b).

Die Bänder

Damit die Gewölbe unter der Last nicht vollständig ihre Form verlieren, müssen sie entsprechend gesichert werden. Diese

Abb. 1.3: Das Fußskelett mit Vorfußknochen (blau), Mittelfußknochen (grün) und Rückfußknochen (rot).

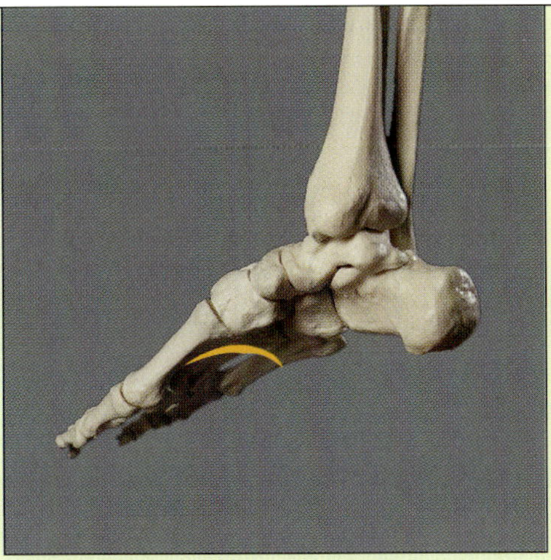

Abb. 1.4 a: Das Quergewölbe des Fußes

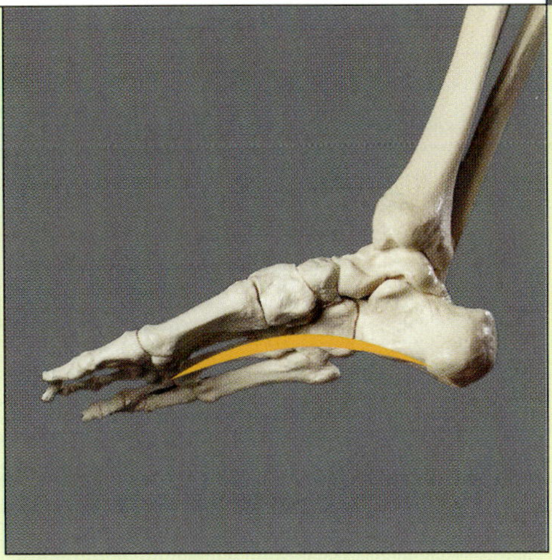

Abb. 1.4 b: Das Längsgewölbe des Fußes

Aufgabe wird durch einen enormen Bandapparat und die Fußmuskulatur wahrgenommen. Wichtige Bänder sind in diesem Zusammenhang das Pfannenband, das lange Fußsohlenband und die so genannte Plantaraponeurose (Abb. 1.5).

Das Pfannenband (Ligamentum calcaneonaviculare plantare) verbindet Fersenbein und Kahnbein. Es bildet innerhalb dieser Funktion einen Teil der Gelenkfläche des unteren Sprunggelenkes. Eine Etage tiefer trifft man auf das lange Fußsohlenband (Lig. plantare longum). Dieses Band verbindet das Fersenbein mit der Unterseite der Mittelfußknochen und hält die Strukturen in Position. Der Fußsohle am nächsten findet sich die Plantaraponeurose, die das Fersenbein mit dem Vorfußbereich, genauer gesagt den Zehen des Fußes, verbindet. Das Quergewölbe ist über kleinere Bandzüge zwischen den Mittelfußknochen ebenso verzurrt.

Trotz aller Sicherungen ist der Fuß keineswegs starr (Abb. 1.6). Die Knochen weisen untereinander eine gute Beweglichkeit auf, um sich dem Untergrund anzupassen. Vor- und Rückfuß können über den Mittelfußbereich auch gegeneinander verwrungen werden. Diese Bewegung nennt man Torsion.

Abb. 1.5: Die drei Fußsohlenbänder sichern das Längsgewölbe des Fußes.

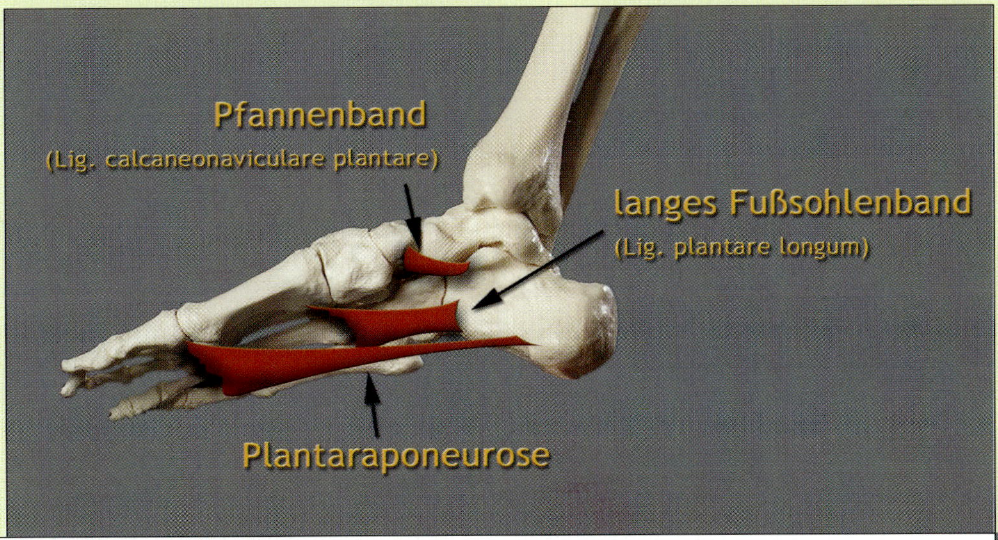

Abb. 1.6: Der Fuß ist keine starre Plattform, sondern passt sich ideal an verschiedenste Untergründe an.

Um diese Bewegungen fein abzustimmen und die Gewölbe noch weiter zu unterstützen besitzt der Fuß eine sehr kräftige Muskulatur. Man unterscheidet hier kurze und lange Fußmuskeln. Die kurzen Fußmuskeln entspringen am Fuß und ziehen zu einem weiteren Knochen des Fußes, an dem sie ansetzen. Nicht minder wichtig sind jedoch die langen Muskeln, die von den Unterschenkelknochen Schien- und Wadenbein entspringen und dann über den Knöchel laufend ihren Ansatzbereich am Fuß finden.

Diese langen Fußmuskeln sind es auch, die die Bewegungen im Sprunggelenk ausführen und dieses auch sichern. Der menschliche Fuß besitzt ein oberes und ein unteres Sprunggelenk. Das obere verbindet Schien- und Wadenbein gelenkig mit dem Sprungbein. Die Unterseite des Sprungbeines stellt über das untere Sprunggelenk die Verbindung zur weiteren Fußwurzel her.

Die zwei Teile des Knöchelgelenkes haben allerdings völlig unterschiedliche Aufgaben. Das Heben und Senken der Fußspitze findet im oberen Sprunggelenk statt, während im unteren Teil des Sprunggelenkes die Pro- und Supinationsbewegung durchgeführt werden. Die Pronation kommt einer Einwärtsdrehung des Fußes gleich, wobei der Fußinnenrand gesenkt und der Fußaußenrand angehoben wird. Bei der Supination ist es umgekehrt: Der Fußaußenrand wird gesenkt und der Fußinnenrand gehoben.

Abb. 1.7: Das Skelett des menschlichen Fußes.

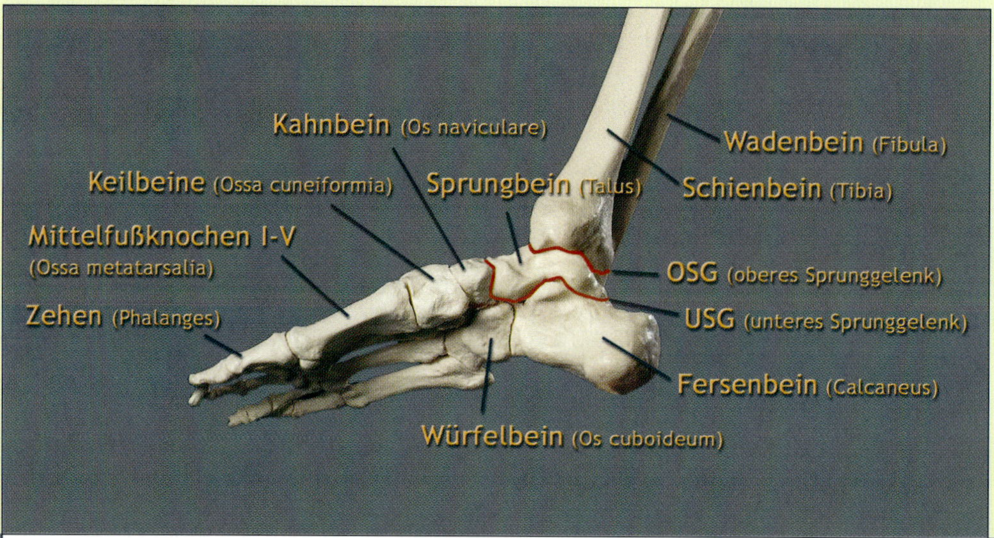

INFO

Fachbegriffe

„Erster Strahl"

Unter dem „ersten Strahl" versteht der Mediziner die Einheit aus dem ersten Mittelfußknochen (Metatarsalknochen) und der dazugehörigen Großzehe. Selbiges wird für die Kleinzehe entsprechend fünfter Strahl genannt (Abb 1.8).

Pronation

Bewegung des Fußes im unteren Sprunggelenk. Der Fuß wird hierbei – laienhaft ausgedrückt – nach innen eingeknickt. Die Bewegung nennt sich auch – besonders im angloamerikanischen Sprachraum – Eversion (Abb. 1.9).

Supination

Fachterminus für eine Bewegung im unteren Sprunggelenk, die dem Nachaußenknicken sehr nahe kommt. Die entsprechende Bewegung wird im angloamerikanischen Sprachraum auch Inversion genannt (Abb. 1.9).

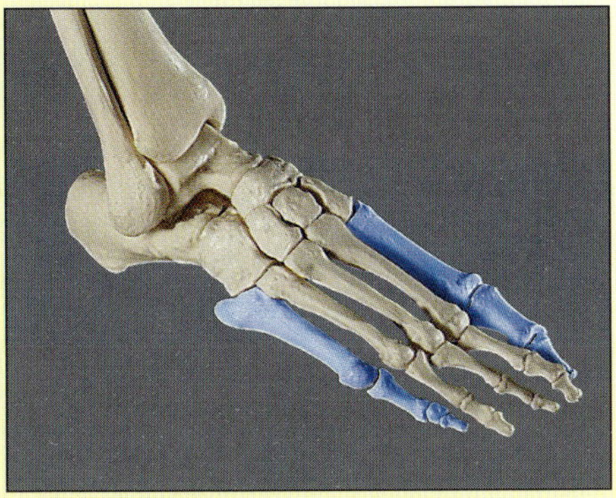

Abb. 1.8: Der erste Strahl wird gebildet aus dem Mittelfußknochen I und der Großzehe, der fünfte Strahl aus Mittelfußknochen V und der kleinen Zehe.

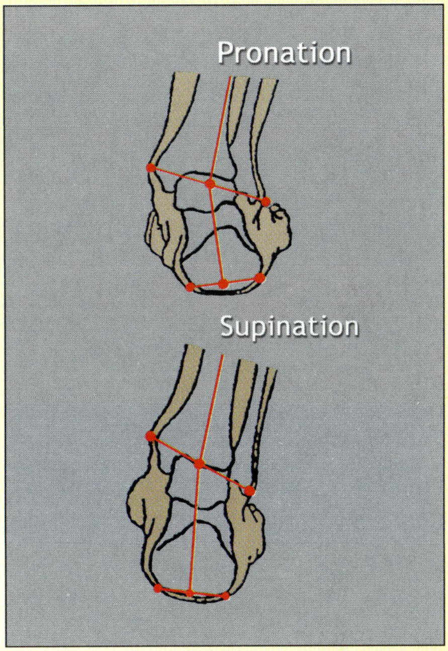

Abb. 1.9: Die Pronation und Supination des Fußes.

medial

Zur (Fuß-)Innenseite gelegen. Beispiel: Die Großzehe befindet sich medial von der Kleinzehe.

lateral

Zur (Fuß-)Außenseite gelegen. Beispiel: Die Kleinzehe befindet sich lateral von der Großzehe.

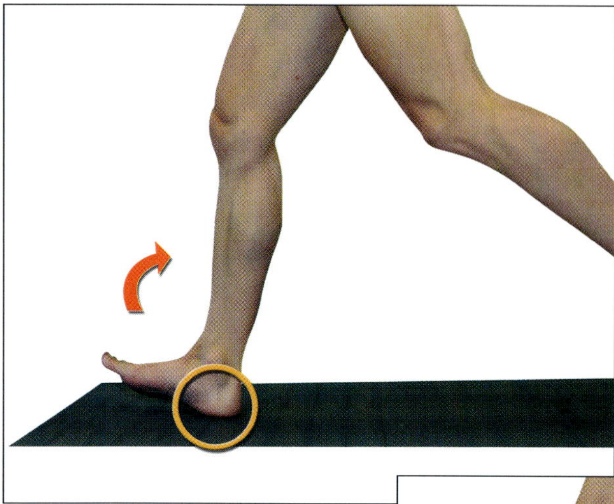

Abb. 1.10 a: Aufsatzphase
Die Ferse berührt den Boden. Die Fußspitze wird durch die Schienbeinmuskulatur angezogen. Der Fuß steht in leicht supinierter Haltung.

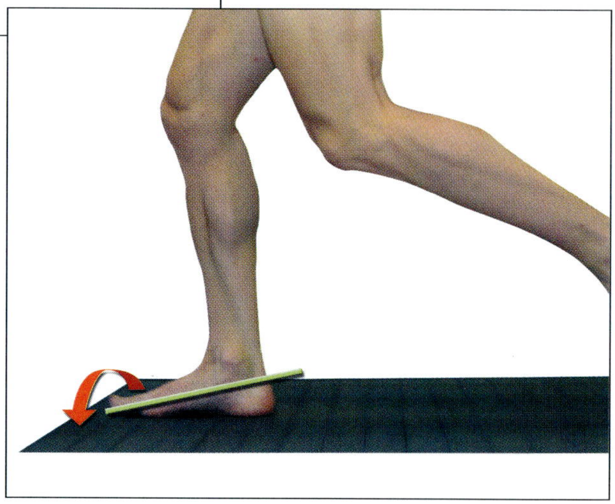

Abb. 1.10 b: Beginn der Stützphase
Der Fuß erfährt weitere Gewichtsbelastung und dreht im unteren Sprunggelenk ein. Die Pronationsbewegung stellt einen Teil der Dämpfung dar und sichert die volle Standfläche des Fußes.

Der Rückfußlauf

Bei der Betrachtung der verschiedenen Laufstile beginnen wir mit dem Bewegungsablauf des Rückfußlaufens (Abb. 1.10). Der Rückfußläufer zieht mit der vorderen Schienbeinmuskulatur die Zehenspitze vor dem Berühren des Bodens an. So erfolgt der Aufprall mit dem Fersenbein zuerst, wobei der Fuß sich in einer leicht supinierten Haltung befindet.

Nun erfolgt eine physiologische Einwärtsdrehung im unteren Sprunggelenk. Diese Pronationsbewegung vergrößert die Standfläche des Fußes und ist in der Lage die Stoßbelastung abzuschwächen. Zusätzlich federt der Läufer auch in Knie- und Hüftgelenk ein, um den Stoß zu mindern. In der Stützphase bewegt sich der Körperschwerpunkt zunehmend über und vor den Standpunkt auf der Unterlage und der Läufer stößt sich schlussendlich über den Vorfuß ab.

Vorteile des Rückfußlaufens

Der unstreitbare Vorteil des Rückfußlaufens ist der, dass man es auch bei stärkster Ermüdung und langsamsten Tempo leicht einsetzen kann. Gerade in niedrigen Tempobereichen, wie der Anfänger oder der stark

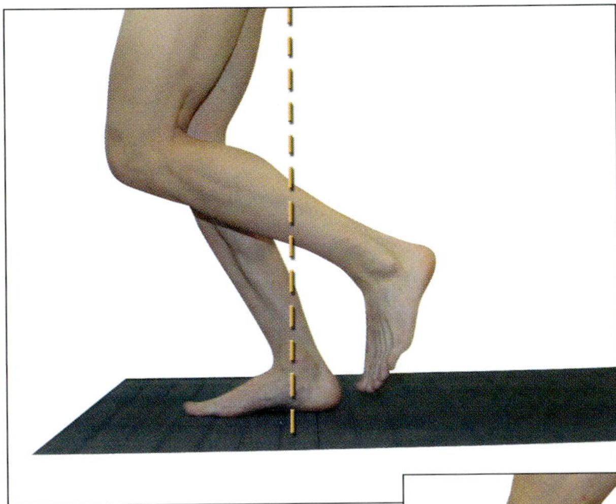

Abb. 1.10 c: Ende der Stützphase
Der Körperschwerpunkt liegt nun vor der Standfläche. Das volle Gewicht lastet auf dem Fuß.

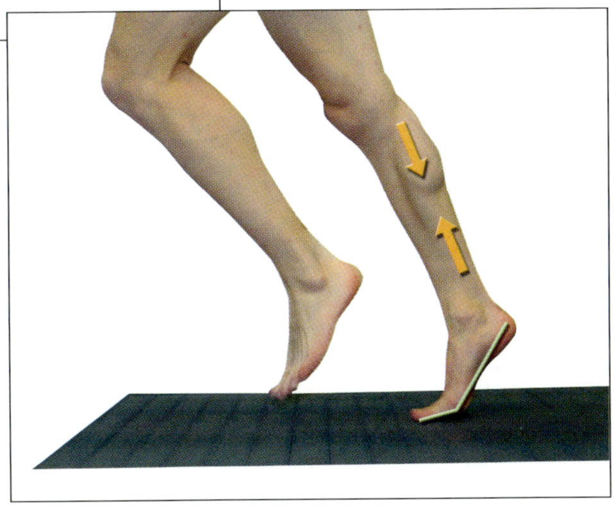

Abb. 1.10 d: Abdruckphase
Der Fuß richtet sich leicht wieder auf. Der Abdruck erfolgt idealerweise über den ersten Strahl, keinesfalls jedoch über die Außenkante (s. Kasten S. 30).

ermüdete Athlet sie nutzen, kommt man der Bewegung des Gehens nämlich immer näher. Für diesen Zweck ist das Abrollen über die Ferse natürlich ideal geeignet. Mit gut gedämpften Schuhen wird so ein Großteil unserer Bevölkerung dazu neigen, auch bei etwas höherem Tempo mit der Ferse zuerst aufzusetzen. Verlockend einfach ist das und jeder vertraut nur zu gerne auf die Dämpfungs- und Stützsysteme der teuren und hoch entwickelten Laufschuhe.

Nachteile des Rückfußlaufens

Allerdings fangen hier die Probleme an. Was geschieht bei dieser Bewegungsform beispielsweise mit unseren Fußgewölben (s. S. 20)?

Diese einzigartige Konstruktion der Natur ist ideal darauf zugeschnitten, Stoßbelastungen zu vermindern. Der Rückfußläufer jedoch opfert den größten Teil dieser Effekte: Der Stoß der Laufbewegung wird vom Fersenbein direkt an die übergeordneten Strukturen durchgeleitet, weil die Fußgewölbe zum Zeitpunkt des Aufsetzens noch in der Luft schweben, um *nach dem großen Aufprall* langsam an den Boden geführt zu werden. So können Sie nur einen Rest ihrer Funktion wahrnehmen!

Das Fettpolster unter der Ferse (Abb. 1.11) ist in seiner Effektivität recht bescheiden, was jeder gerne in einem Selbsttest nachvollziehen kann: Springen Sie doch einmal barfuß auf der Stelle, so als wollten sie Seilspringen. Sicherlich hüpfen Sie nun auf dem Vorfuß. Einige wenige beherzte Landungen auf dem Fersenbein aus dieser Bewegung heraus werden Ihnen schnell die eingeschränkte Wirkungskraft ihres Fersenfettpolsters demonstrieren. Jetzt verstehen Sie, warum Sie von ganz alleine auf dem Vorfuß hüpfen.

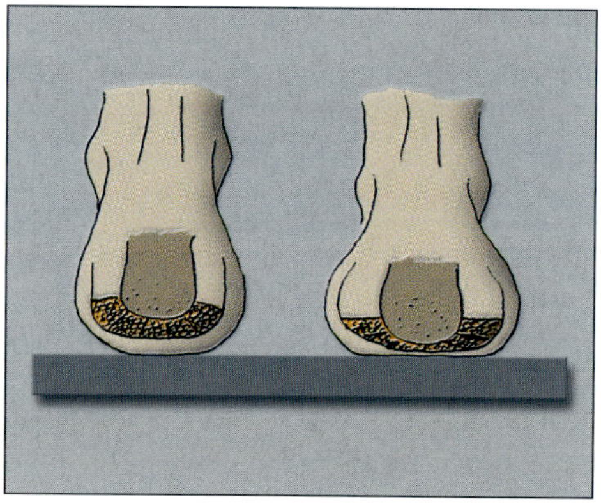

Abb. 1.11: Das Fettpolster unter dem Fersenbein des Menschen besteht aus mehreren Kammern. Es ist septiert. So kehrt die 10 bis 20 Millimeter dicke Dämpfungsschicht auch nach Belastung zu ihrer Form zurück.

Das nächste Problem dieser Zivilisationstechnik ergibt sich aus der übermäßigen Pronationsbewegung. Diese sinnvolle und stoßmindernde Bewegung erhält ihren Effekt weitestgehend durch die langsame muskuläre Abbremsung der Aufprallbewegung. Der Rückfußläufer tritt allerdings mit solch einer Wucht und Geschwindigkeit auf, dass diese Bremsmuskulatur kaum

TIPP

So beugen Sie Verletzungen vor

Die **Überpronation** (Abb. 1.12 und 1.13) ist die über das physiologische (= natürliche) Maß hinaus reichende Einwärtsdrehung im unteren Sprunggelenk. Sie führt in schweren Fällen zu Fehlstellungen der Beinachse und kann so beispielsweise **Schienbeinkantensyndrome, Kniebeschwerden oder Achillessehnenentzündungen** aufgrund unphysiologischer Sehnenbeanspruchung hervorrufen oder auch Gelenkverschleißprozesse (Arthrose) unterhalten.

Neben **Pronationsstützen** als Korrekturmaßnahmen im Schuhwerk, die aus härterem Material an der Innenseite des Schuhs bestehen, hat die Laufschuhindustrie sehr weiches Material auf der Aufsatzstelle des Rückfußläufers eingebracht. So wird die Bewegung langsamer eingeleitet. Durch diese geringere so genannte „Initialpronation" hofft man, den pronationsverringernden Muskeln wie dem hinteren Schienbeinmuskel (M. tibialis posterior) und dem langen Großzehenbeuger (M. flexor hallucis longus) die entsprechende Zeit zum Anspannen einzuräumen (s. Kasten auf S. 32). Ideal kann die natürliche muskuläre Kompensation der übermäßigen Einwärtsdrehung durch den Vorfußlaufstil gefördert werden!

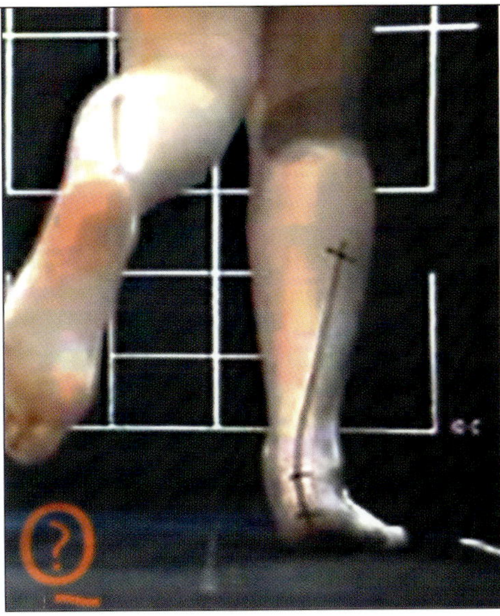

Abb. 1.12: Bei der Überpronation dreht der Fuß im unteren Sprunggelenk zu weit nach innen ein.

entsprechend schnell nerval angesteuert und vorgespannt werden kann. Viel zu rasant geht alles und wenn die Rezeptoren unter der Ferse an Gehirn und Muskeln den Aufprall gemeldet haben, dann ist die Pronationsbewegung fast schon vorüber. So kommen die vielen Fälle der Überpronation zustande, gegen die die Laufschuhindustrie viele teure „Pronationsstützen" entwickelt hat. Die Überbeweglichkeit wird so zwar eingeschränkt – eine sanfte natürliche Bremsbewegung schaffen diese Stützen jedoch nicht herbei!

Abb. 1.14: Ein härteres Material an der Innenseite des Schuhs (dunkelgrau) korrigiert Überbeweglichkeiten im Sinne von Abb. 1.12 und 1.13.

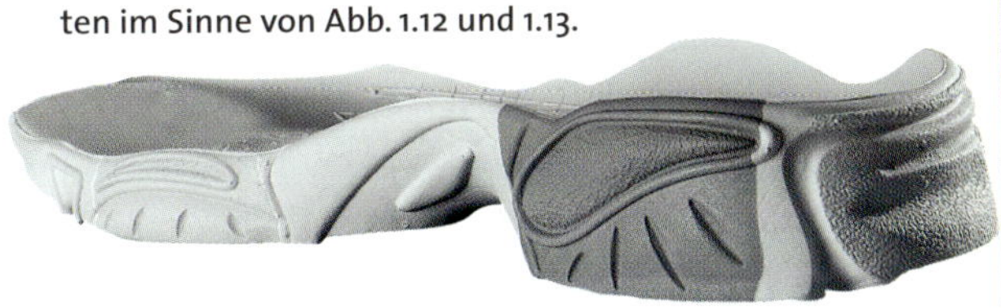

Abb. 1.13: Überpronierer beanspruchen das Schuhwerk besonders an der Innenseite und benötigen hier Stützsysteme.

INFO

Hüftstreckung

Die erstrebenswerte Hüftstreckung des Läufers setzt nicht nur eine gut gedehnte Muskulatur voraus, sondern wird wesentlich durch den Laufstil beeinflusst. Beim Vorfußläufer ist sie deutlich besser ausgeprägt als beim Rückfußläufer.

Die beste Dämpfung des Läufers, die Federung der Wadenmuskulatur (die wir beim Vorfußlaufen noch kennen lernen werden), kann beim Fersenlauf überhaupt nicht aktiv werden – mehr dazu später.

Während für den Gesundheitssportler die Aspekte der Bewegungskontrolle und Stoßabsorption wichtig sind, werden für den schnelleren und ambitionierten Läufer oder Triathleten auch noch andere Faktoren relevant. Um sich vorwärts zu bewegen, also nach vorne abzudrücken, müssen Bein und Fuß eine nach hinten gerichtete Kraft aufbringen. Das ist einfachste Physik. Der Rückfußläufer stemmt seine Ferse jedoch zunächst nach vorne in die Laufrichtung. Erst wenn sich der Körperschwerpunkt über oder vor dem Standbein befindet, kann er sich abdrücken. Diese Ineffektivität ist es, die höchstes Tempo auf dem Rückfuß im Spitzenbereich vereitelt (Abb. 1.15). Ein weiteres Phänomen bei Läufern, die über die Ferse abrollen, ist die oft mangelhafte Streckung im Hüftgelenk. Der Trainer nennt das „Sitzen" beim Laufen, was durch die Interaktion der Muskelschlingen zu begründen ist. Eine schlechte Hüftstreckung ist bei hohem Tempo ebenso Kraft raubend wie der in die Laufrichtung gesetzte Fuß (Abb. 1.16).

Die Profis sind aus diesen Gründen fast geschlossen auf dem Vorfuß unterwegs und auch der Läufer, der 46 oder 33 Minuten über 10.000 Meter läuft, kann seine Leistung mit der richtigen Technik steigern. Welchen biomechanischen Vorteil der Vorfußläufer gegenüber dem Fersenläufer hat, lesen Sie in den folgenden Abschnitten.

Abb. 1.15: Der Rückfußläufer setzt den Fuß in die Laufbewegung und bremst sich selber aus.

TIPP

So beugen Sie Verletzungen vor

Durch die **hohen Bodenreaktionskräfte** und die entsprechende **Stoßbelastung** beim Rückfußlaufen ergibt sich zusammen mit einer schlechten Hüftstreckung eine starke Beanspruchung der vorderen Oberschenkelmuskulatur und Kniescheibe (Abb. 1.16, 1.17 und 1.18).

Abb. 1.16: Die Hüftstreckung des Rückfußläufers ist oft mangelhaft. Durch die Beugung im Hüftgelenk kommt es zu einer "sitzenden" Bewegung, die aufgrund ihrer Ineffektivität und der erhöhten Druckbelastung der Kniescheibe von Nachteil ist.

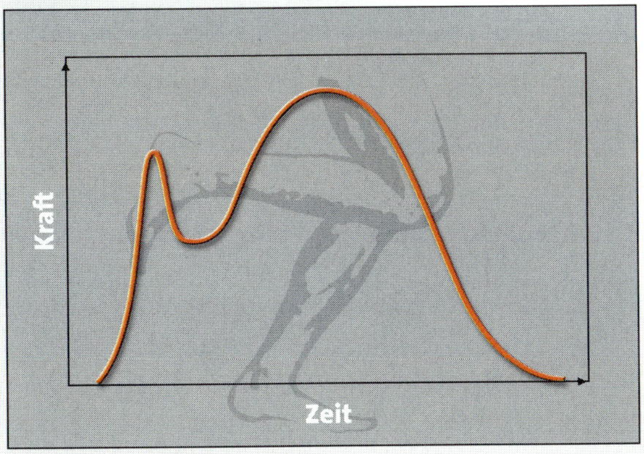

Abb. 1.17: Je größer die Beugung im Kniegelenk, desto größer ist der Anpressdruck der Kniescheibe (Patella) in ihrem Knorpelgleitlager. Durch eine bessere Streckung von Knie und Hüfte (s. Abb. 1.16) lässt sich deshalb die Kniescheibenregion entlasten.

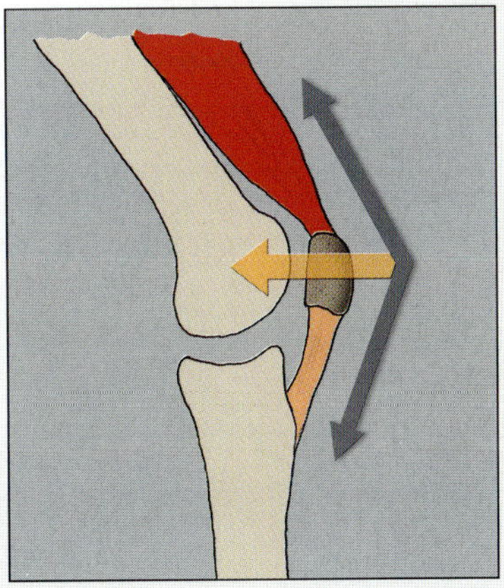

Abb. 1.18: Im Bodenreaktionskraftdiagramm des Rückfußläufers sieht man an der ersten Zacke deutlich die extreme Stoßbelastung durch den Aufprall der Ferse. Der weiche zweite Gipfel der Kurve stellt den Abdruck des Läufers dar.

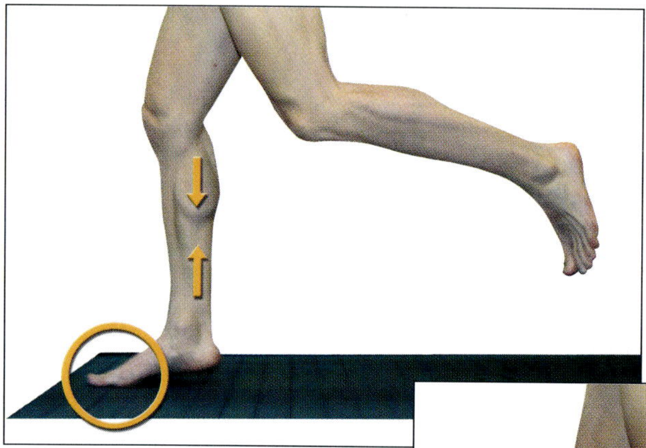

Abb. 1.19 a: Aufsatzphase
Der Fuß wird mit gesenkter Fußspitze und gesenktem Fußaußenrand vorgeschwungen. Das Kleinzehengrundgelenk (Fußaußenrand) berührt den Untergrund zuerst.

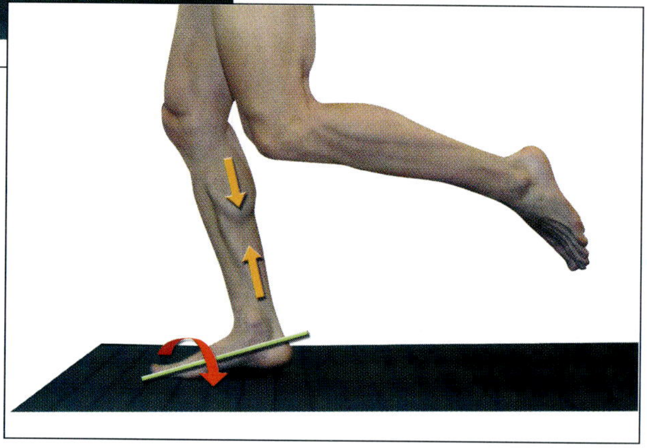

Abb. 1.19 b: Beginn der Stützphase
Die Wadenmuskulatur federt die Stoßbelastung ab und die Pronationsbewegung findet gegen den Widerstand der entsprechenden Muskelgruppen statt. Eine Zugbewegung der hinteren Oberschenkelmuskulatur effektiviert die Laufbewegung.

Der Vorfußlauf

Der Vorfußläufer (Abb. 1.19) schwingt Unterschenkel und Fuß des Beines, das den nächsten Schritt ausführen soll, locker nach vorne. Die entspannte Position des Fußes erkennt man an der leicht gesenkten Fußspitze und der wie beim Rückfußlauf supinierten Stellung im unteren Sprunggelenk. Aus dieser Position ergibt sich der erste Kontaktpunkt der Fußsohle mit dem Boden: Es ist das Kleinzehengrundgelenk beziehungsweise je nach Ausprägung des Vorfußlaufens der laterale Fußrand.

Die Wadenmuskulatur ist vorgespannt und nimmt sanft die einwirkenden Kräfte des Körpergewichts auf. So treten abrupte Stoßbelastungen wie beim Rückfußlaufen gar nicht erst auf. Besonders wichtig ist, dass

TIPP

So beugen Sie Verletzungen vor

Erfolgt die **Abrollbewegung** über den fünften Strahl anstatt über den dafür vorgesehenen ersten, dann sind charakteristische Überlastungsbeschwerden zu erwarten. Man trifft diese heutzutage häufig aufgrund **zu starker Pronationsstützen** an, die den Fuß auf die Außenkante drängen. Eine typische Verletzung ist das mediale Schienbeinkantensyndrom aufgrund einer Überlastung des Kleinzehenbeugers, der in diesem Bereich entspringt. Achillessehnenentzündungen aufgrund dieser Fehlbelastung im Abstoßverhalten sind ebenfalls häufig geworden!

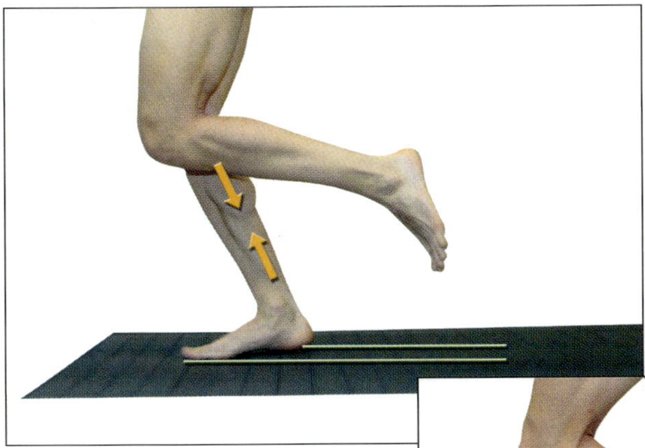

Abb. 1.19 c: Ende der Stützphase
Am Ende der Stützphase hat die Ferse allenfalls leichten Bodenkontakt und wird nach wie vor durch die Wadenmuskulatur gehalten und geführt. Die Zugbewegung der hinteren Oberschenkelmuskulatur hält an.

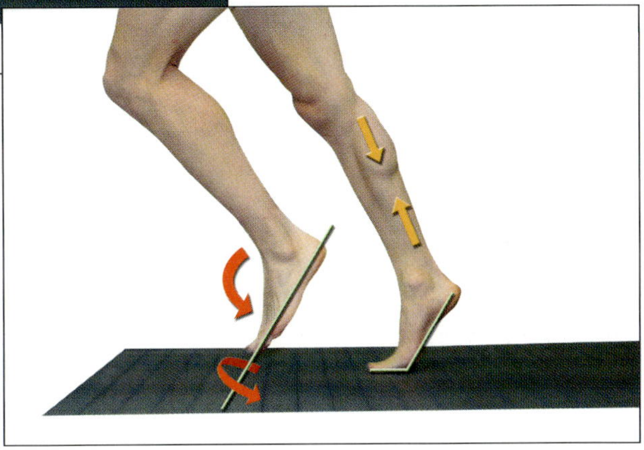

Abb. 1.19 d: Abdruckphase
Die Abdruckbewegung erfolgt ähnlich dem Fersenlauf über den Vorfuß mit einer Betonung der Bewegung über den ersten Strahl.

durch die längere Zeitspanne vom ersten Bodenkontakt der Fußsohle bis zur vollen Krafteinwirkung die pronationseindämmenden Muskeln ebenfalls aktiviert werden. Der hintere Schienbeinmuskel und der lange Großzehenbeuger bremsen zusammen mit der Wadenmuskulatur langsam die Einwärtsdrehung und sorgen so im unteren Sprunggelenk für eine sanft dämpfende Bremsbewegung sowie eine Begrenzung der Pronationsbewegung. Die Pronationsstütze der modernen Laufschuhe wird in vielen Fällen überflüssig.

Auch zum Ende der Stützphase hin wird die Ferse durch Wadenkraft gehalten, kann zur Entlastung je nach Ausprägung des Stils den Untergrund aber auch berühren (weitere Ausführungen über die unterschiedliche Ausprägung des Vorfußlaufes lesen Sie am Ende dieses Kapitels). Die Abstoßbewegung erfolgt wie beim Rückfußlauf über den Vorfuß und sollte genauso wie dort keinesfalls über den lateralen Fußrand geführt werden, was erfahrungsgemäß bei Vorfußläufern eher noch größere Probleme bereitet als beim Fersenläufer.

Vorteile des Vorfußlaufens

Die wesentlichen Vorteile des Vorfußlaufens für Gesundheits- und Leistungssportler liegen in der besseren Absorption der Stoßbelastungen. Zum einen ist hier der größere Wirkungsgrad der Fußgewölbe zu nennen. Die ideale Funktion dieser doppelten Gewölbekonstruktion des Fußes kommt beim Vorfußlaufstil – im wahrsten Sinne des Wortes – voll zum Tragen, da Quer- und Längsgewölbe ihre Arbeit aufnehmen, bevor die Ferse den Boden berührt.

INFO

Pronationsdämmung durch den langen Großzehenbeuger

Der lange Großzehenbeuger beugt nicht nur unsere Großzehe. Auf seinem Weg vom Wadenbein, an dem er entspringt, zur Unterseite der Großzehe schlingt er sich um einen Knochenvorsprung am medialen Fersenbein, das Sustentaculum tali. Dieses Widerlager hält das Fersenbein bei Spannung des Muskels in einer aufrechten Position und verhindert eine Überpronationsbewegung!

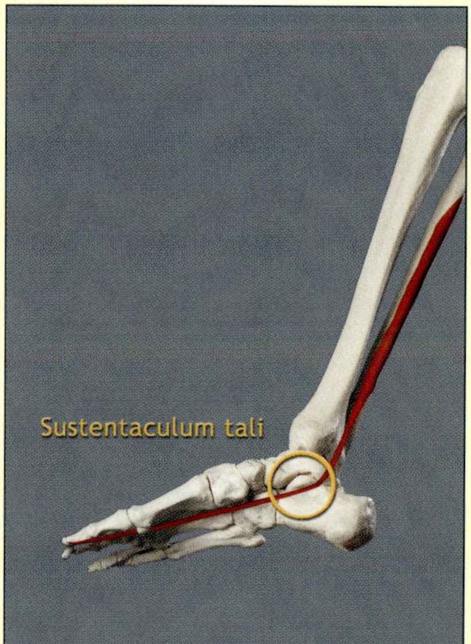

Abb. 1.20: Der lange Großzehenbeuger (M. flexor hallucis longus) begrenzt wirksam die Pronationsbewegung.

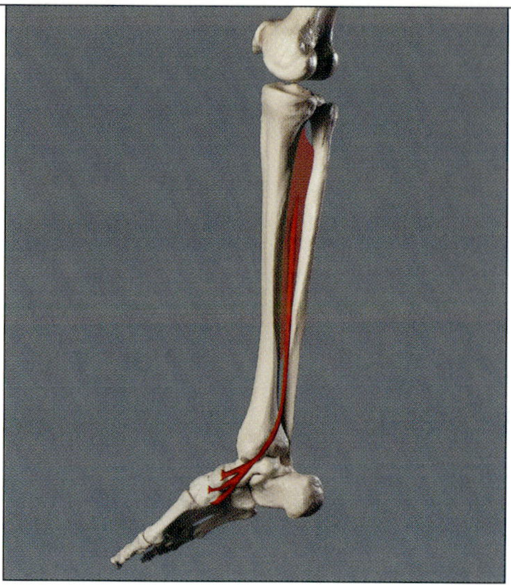

Abb. 1.21: Auch der hintere Schienbeinmuskel (M. tibialis post.) kann eine Überpronation begrenzen.

Zum anderen ist die Vorspannung der Wadenmuskulatur von Bedeutung, die nur beim Vorfußlauf im gewünschten Ausmaß erreicht wird. Dieses wichtigste Federungssystem unseres Körpers ergibt sich durch die Haltearbeit des dreiköpfigen Unterschenkelstreckers (Wadenmuskulatur) am Fersenbeins. Das Fersenbein „schwebt" über dem Boden und die Wadenmuskulatur federt die Stöße aus.

Aber nicht nur die Stoßdämpfung durch die Wadenmuskulatur gereicht dem Vorfußläufer zum Vorteil. Zusammen mit den speziellen gewölbestützenden Muskeln wird diese Kraft auch zur sanften Verzögerung der Pronationsbewegung eingesetzt. 80 % der Kräfte, die den Fuß supinieren (die also der Pronationsbewegung entgegen wirken), werden von der Wadenmuskulatur aufgebracht. Pronationsstütze Nummer eins ist also die gut vorgespannte Wadenmuskulatur zusammen mit dem hinteren Schienbeinmuskel und dem langen Großzehenbeuger (Abb. 1.20 und 1.21). Auch geschwächte Fußgewölbe, wie sie beim Senkfuß vorliegen, profitieren von dieser aktivierten Fußmuskulatur (Abb. 1.22 a und b).

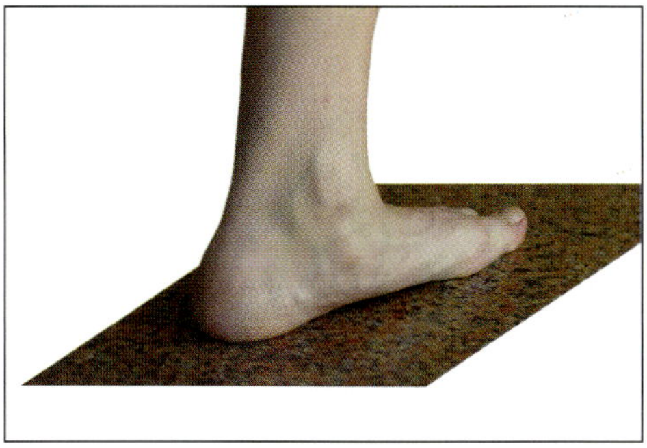

Abb. 1.22 a: Beim passiven Stehen sinkt das Längsgewölbe des Knick-Senk-Fußes deutlich ein.

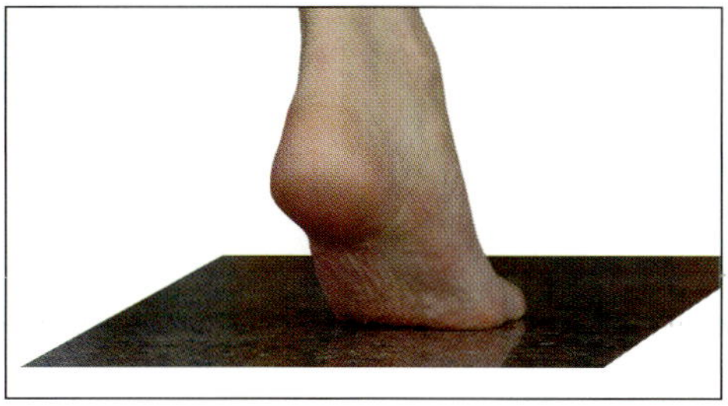

Abb. 1.22 b: Bei Aufrichtung des Fußes kommt es zur Aktivierung der Fußmuskulatur. Die Gewölbe erhalten durch die muskuläre Sicherung oft einen Teil ihrer Form und Funktion zurück.

Durch technische Hilfsmittel ist diese geniale Konstruktion der Natur, die Dämpfung und Bewegungskontrolle perfekt vereint, niemals zu erreichen. Die bessere Hüftstreckung, die sich durch diesen Laufstil ergibt, sorgt zusammen mit den geringen Stoßkräften (s. Bodenreaktionskraftdiagramm des Vorfußläufers im Vergleich zu dem des Rückfußläufers, Abb. 1.23 und 1.18) für eine wesentlich geringere Belastung der vorderen Oberschenkelmuskulatur und kann häufigen Kniescheibenüberlastungssyndromen vorbeugen.

Die flüssigere Laufbewegung ergibt sich aber nicht nur hierdurch, sondern ganz besonders durch die Zugbewegung, die mit der hinteren Oberschenkelmuskulatur erzeugt werden kann. Der Fuß wird bereits vom Moment des Aufsetzens an mit der hinteren Oberschenkelmuskulatur nach hinten gezogen und so fehlt der bremsende Aufsatzpunkt des Rückfußläufers in der Bewegung des Vorfußläufers vollständig. Selbst wenn der Rückfußläufer nicht in seinen Schritt hineinfällt, sondern einen halbwegs aktiven „Rollschritt" über die Ferse ausführt, kann er doch bis zu dem Punkt, wo der Köperschwerpunkt die Standfläche überschritten hat, kaum aktive Fortbewegungsenergie entwickeln. Der Vorfußläufer kann es und dies ist der Hauptgrund für die Vormachtstellung der Ballenläufer unter Spitzenathleten, nicht nur im Sprint, sondern auch auf 5, 10, 21,1 oder 42,2 km.

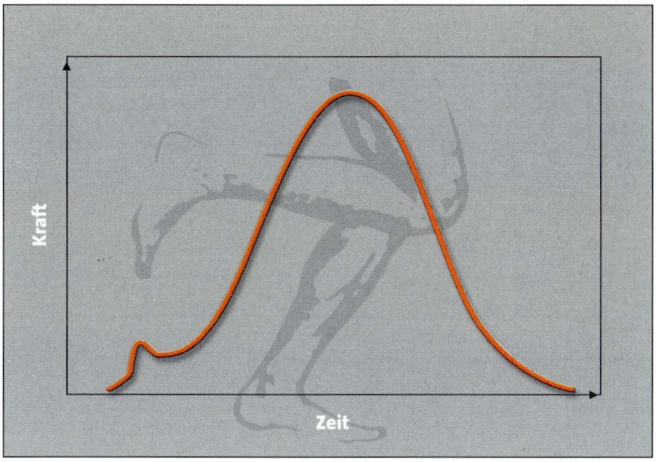

Abb. 1.23: Die Bodenreaktionskräfte des Vorfußläufers nehmen einen wesentlich sanfteren Verlauf als beim Rückfußläufer. Die starke Kraftspitze des ersten Bodenkontaktes fehlt aufgrund der guten Dämpfung durch die Wade fast völlig (vgl. Abb. 1.18).

Nachteile des Vorfußlaufens

Leider erfordert die Umstellung auf diesen natürlichen Laufstil für die meisten jahrelangen Rückfußläufer jedoch etwas Aufwand und ein gewisses Know-how. Nicht zuletzt deshalb ist dieses Buch überhaupt entstanden. Achillessehnenentzündungen, Vorfußüberlastungen und andere Beschwerden wurden in der Vergangenheit häufig berichtet. Die Frage ist nur: Haben sich diese Läufer vernünftig vorbereitet? Die Antwort ist meistens ein eindeutiges „Nein"! Die Vermeidung von so genannten klassischen „Vorfußläuferbeschwerden", die mehrheitlich aus Unkenntnis, mangelnden Trainings- und Vorbereitungskonzepten sowie durch falsches Material entstehen, wird in den folgenden Abschnitten dieses Buches intensiv besprochen.

Der Aufwand zum (Wieder-)Erlernen der Vorfußtechnik stellt dennoch für einige einen ähnlichen Hinderungsgrund dar wie die schwierigere Umsetzung der Technik bei niedrigerem Tempo. Je langsamer wir laufen, desto näher kommen wir dem Gehen. Das Gehen findet natürlich als Abrollbewegung über die Ferse statt, dafür haben wir schließlich unser Fersenbein. In einem sehr niedrigen Tempobereich sanft über die Wade zu federn ist deshalb nicht immer sinnvoll und bedarf sicher einiger Gewöhnung. Man bedenke außerdem, dass Geher (und damit meinen wir nicht die powackelnden Wettkampfathleten, sondern jene Sportler, die neudeutsch „Power-Walker" genannt werden), durchaus Geschwindigkeiten von 8 km/h in der Gehbewegung realisieren. Für einige mag es dennoch möglich sein, auch bei unter 10 km/h sanft und gelenkschonend auf dem Vorderfuß zu laufen – ob dies hierfür die ideale Technik darstellt, ist zumindest fraglich.

Vorfußlauf beim Langstreckler

Es wurde gerade angedeutet: Die Lauftechnik hängt wesentlich von der Laufgeschwindigkeit ab. Der Sprinter zählt aufgrund der effektiveren Biomechanik und insbesondere der Zugbewegung der hinteren Oberschenkelmuskulatur ausschließlich zur Spezies der Vorfußläufer. Zwar wird der Anteil der Athleten mit dieser Technik bei zunehmender Laufstrecke geringer, aber dies hat eben auch gehörig etwas mit den Dämpfungssystemen unseres modernen Schuhwerks zu tun. Dennoch: Der Vorfußlauf des Langstrecklers gleicht nicht völlig dem des Sprinters. Die Abstufung ergibt sich insbesondere dadurch, inwieweit die Ferse in der Stützphase Bodenkontakt bekommt. Der Sprinter berührt den Boden mit der Ferse überhaupt nicht, während der Marathonläufer durchaus mit dem Vor- oder Mittelfuß aufsetzen kann, um die Stoßdämpfung der Wade und die muskuläre Kompensation seiner Fußfehlstellungen zu nutzen. Er lässt jedoch alsdann die Ferse auf den Boden niedergehen, damit diese einen Teil der Last tragen kann. Die Grenzen sind fließend und es sei nochmals betont, dass die positiven Effekte der Stoßdämpfung und Bewegungskontrolle auch bei den Läufern zum Tragen kommen, die moderates Vorfußlaufen oder Mittelfußlaufen praktizieren. Dies sollte das Ziel des Langstrecklers sein, welches sich allerdings nach einigen Kilometern des Laufens von alleine einpendelt. Der Anfänger wird dabei etwas früher auf die Ferse sinken als der trainierte Könner.

Abb. 1.24: Vor- oder Rückfußläufer? Fast sieht es so aus, als würde Olympiasieger Haile Gebrselassie im nächsten Moment auf dem Rückfuß landen. Doch der Schein trügt: Im allerletzten Moment wird der Wunderläufer seine Fußspitze blitzartig und aktiv senken – bei den Profis ist der Fußaufsatz bereits Teil der Vortriebsarbeit.

Das Trainingskonzept

Das Trainingskonzept

Wie Sie in Kapitel 1 gelesen haben, hält der Vorfußlaufstil einige Vorteile für Sie bereit. Kein Sportschuh dieser Welt kann den Bewegungsablauf des Läufers jemals in einem Ausmaß optimieren, wie es der Gesundheitssportler und auch der leistungsambitionierte Athlet durch eine Verbesserung seiner Lauftechnik vermag. Der eine oder andere von Ihnen mag nun mit einer Umstellung seiner Lauftechnik liebäugeln. Aber gemach! Wichtig ist es, gerade wenn man zuvor viele Jahre auf der Ferse oder aber gar nicht gelaufen ist, eine etwaige Technikumstellung sorgfältig zu strukturieren und vorzubereiten. Ohne das richtige Trainingsprogramm drohen nämlich tatsächlich Verletzungen. Zuvor soll jedoch für jedermann eine sorgfältige Abwägung von zu erbringendem Einsatz und zu erwartendem Nutzen durch das Laufen auf dem Vorfuß erfolgen.

INFO

Für wen macht Vorfußlaufen Sinn?

- **leistungsorientierte Läufer**, die neue Leistungsressourcen erschließen wollen
- **verletzungsgeplagte Läufer**, die von einer besseren Bewegungskontrolle und einer Verringerung der Stoßbelastung profitieren wollen
- **Triathleten**, die den Umfang im Lauftraining bis zur Verletzungsgrenze ausgereizt haben und neben einer Schonung des Bewegungsapparates effektiver mit weniger Umfang trainieren wollen
- **Anfänger**, die das Laufen mit der entsprechenden Vorbereitungszeit als technische Sportart richtig erlernen wollen

Vorfußlauf – für wen macht die Technikumstellung Sinn?

Sinnvoll ist das Vorfußlaufen in jedem Falle für ambitionierte Läufer und leistungsorientierte Triathleten, die mit einer effizienteren Technik ihr Lauftempo steigern wollen. Auch Läufer müssen erkennen, dass sie sich im 21. Jahrhundert, in dem in jeder Sportart die Schulung der Technik zur Maximierung der Leistung praktiziert wird, nicht mehr hinter dem Argument verstecken können, dass Laufen eben so natürlich sei. Jeder Schwimmer, jeder Radfahrer, jeder Golfspieler und jeder Sprinter übt seine Technik. Nun muss eben auch der Langstreckler bei zunehmender Leistungsdichte an seinem Können feilen.

Vorfußlaufen im Triathlon

Eine Sonderrolle bekleiden hier wie so oft die Triathleten: Bei ihnen ist der Umfang im Training oftmals bis auf das Äußerste ausgereizt. Die Verletzung im Nacken, rangieren die meisten Athleten an dem Maximum von dem, was sie ihren Sehnen und Gelenken zumuten können. Es ist nur zu logisch das Training unter diesen Bedingungen auf eine effektivere und schnellere Technik zu verlagern. Weniger Umfang bei einer hocheffektiven Technik anstatt im Schlappschritt Kilometer um Kilometer der Verletzung in die Arme zu laufen – wir kommen gleich darauf zurück.

TIPP

So beugen Sie Verletzungen vor

Die **Chondropathie** umschreibt eine Knorpelerweichung und Schädigung, die besonders häufig an der Rückseite der Kniescheibe (Chondropathia patellae) auftritt. Mangelnde Führung der Kniescheibe in ihrem Gleitlager und eine erhöhte Druckbelastung durch eine verkürzte vordere Oberschenkelmuskulatur (M. quadriceps femoris) sowie die erhöhten Anpressdrücke durch die Stoßbelastungen beim Rückfußlaufen können hier als Auslöser wirken. Regelmäßiges Krafttraining zur Verbesserung der muskulären Führung der Knieschiebe, Stretching, eine Korrektur einer eventuellen Überpronation und besonders ein guter Laufstil mit ausreichender Hüftstreckung können die Beschwerden positiv beeinflussen.

Das **Patellaspitzensyndrom** beschreibt eine entzündliche Reizung der Kniescheibensehne (Ligamentum patellae) am unteren Kniescheibenpol. Auch hier kann eine erhöhte Zugbelastung der Oberschenkelmuskulatur als Auslöser wirken, weshalb neben einem regelmäßigen Dehnungstraining eine ursächliche Behandlung in einer Verbesserung der Hüftstreckung in der Laufbewegung gesehen werden kann.

Aber nicht nur die Dreikämpfer hangeln sich oft von einer Verletzung und Beschwerde zur nächsten. Auch die Langstreckenläufer haben sich immer wieder mit bestimmten orthopädischen Problemen zu plagen. Schon angesprochen haben wir das Thema Knieprobleme. In bestimmten Fällen, die mit übermäßiger Druckbelastung an der Kniescheibe (s. „sitzender Rückfußläufer", Kapitel 1) einhergehen, macht die Entlastung dieser Region durch die Vorfußlauftechnik mit der besseren Hüftstreckung und der geringeren Stoßbelastung Sinn. So können unter Umständen das Patellaspitzensyndrom und das chondropathische Reizknie positiv beeinflusst werden.

Abb. 2.1: So gewinnt man einen Ironman: Tim DeBoom landet auf dem Vorfuß und läuft bei seinem ersten Sieg im Jahr 2001 eine Viertelstunde schneller als die gesamte Konkurrenz.

Auch Beschwerden, die durch eine übermäßige Pronationsbewegung ausgelöst werden (wie der mediale Knieschmerz oder das mediale Schienbeinkantensyndrom), können durch die muskuläre Sicherung der Pronationsbewegung gebessert werden.

Besser ist es natürlich, wenn man es gar nicht erst so weit kommen lässt. Unter Beachtung einer guten Trainingsstruktur kann deshalb auch dem Laufeinsteiger nahe gelegt werden, sozusagen „von der Pike auf" eine Technik zu lernen, die fast jeder Profi benutzt. Er läuft so auch nicht Gefahr, sich zuerst an den Schlappschritt auf dem Rückfußdämpfungssystem zu gewöhnen, was ihm die erläuterten Defizite in Sachen Stoßabsorption und muskulärer Gelenksicherung einbringt, um dann später Probleme mit der Umstellung auf einen besseren Laufstil zu bekommen.

Vorfußlaufen ist kein Allheilmittel

Vorfußlaufen ist jedoch sicher „kein Evangelium", wie der wohl erfahrenste Laufmediziner unseres Landes, der ehemalige 5.000-Meter-Europameister und jetzige Facharzt für Orthopädie und Rehabilitationsmedizin Dr. med. Thomas Wessinghage, der ein großer Befürworter des „aktiven Laufens" auf dem Vorfuß ist, gerne

TIPP

So beugen Sie Verletzungen vor

Das **mediale Schienbeinkantensyndrom** äußert sich durch Schmerzen an der inneren Schienbeinkante. Sehr viele Läufer sind davon betroffen. Zwei Muskeln können oft dafür verantwortlich gemacht werden: Der Kleinzehenbeuger, der bei einem Abrollen über die Kleinzehen gereizt wird (s. S. 30), aber auch besonders der hintere Schienbeinmuskel (M. tibialis posterior) kann bei einer starken Überpronation die Knochenhaut des Schienbeins unangenehm reizen. Im letzten Fall kann eine Verminderung der Rückfußüberpronation entweder durch einen Wechsel auf die Vorfußlauftechnik oder aber durch entsprechendes Schuhwerk und orthopädische Einlagen hilfreich sein (in schweren Fällen auch beides).

Die übermäßige Einwärtsdrehung des unteren Sprunggelenkes geht mit einer Innenrotation des Schienbeinknochens einher. Durch diese Verdrehung kommt es häufig zu unangenehmen Schmerzen im Bereich der Knieinnenseite (**medialer Knieschmerz**). Dieses oft diffuse Beschwerdebild kommt durch die unphysiologische Beanspruchung von Gelenkflächen, Menisken sowie Sehnen und Bändern zustande. Die Therapie liegt in einer Verminderung der Innenrotation durch eine Kompensation der Pronationsbewegung, entweder durch Vorfußlaufen und/oder durch entsprechende orthopädische Hilfsmittel im Sinne von korrektem Schuhwerk oder einer Einlagenversorgung.

INFO

Für wen ist Vorfußlaufen nicht ideal?

- **Übergewichtige**, bevor ein vernünftiges Verhältnis von Wadenkraft und Körpergewicht erreicht ist
- **Läufer mit schmerzhaften Spreizfüßen**, sofern nicht die Schuhversorgung daran schuld ist (s. Kapitel 7)
- **Spaßorientierte, beschwerdefreie Läufer**, die nicht die Zeit und Muße haben, sich korrekt auf die Vorfußlauftechnik vorzubereiten

schreibt. Ganz sicher soll auch an dieser Stelle keine Pauschalempfehlung für den Vorfußlauf ausgesprochen werden.

Eine wesentliche Kontraindikation für das Laufen auf dem Ballen ist sicherlich der schmerzhafte Spreizfuß, der auch durch Einlagen nicht mehr zu beruhigen ist. Wenn diese Problematik nicht von der falschen Schuhversorgung herrührt, die man optimieren könnte (lesen Sie dazu unbedingt Kapitel 7), dann ist es mit Sicherheit unklug noch mehr Belastung auf diese Struktur zu verlagern.

Schwierig wird es vielleicht auch für den angehenden Sportler, der noch das eine oder andere Kilogramm zu viel an seinen Hüften trägt. Die Krafteigenschaften der Wade, die wir im Weiteren noch zu diskutieren haben, lassen sich dann nur sehr schwierig auf ein dem Körpergewicht entsprechendes Maß auftrainieren. Unter Umständen sollte die Umstellung nach einer gewissen Gewichtsreduktion erfolgen. Gerade der etwas übergewichtige Läufer sollte natürlich seine Stoßbelastung und eventuelle Fehlstellungen des unteren Sprunggelenkes minimieren.

Abb. 2.2: Vorsicht bei Übergewicht: Nehmen Sie vor der Technikumstellung eine Gewichtsreduktion in Angriff!

Eindeutig negativ fällt die „Kosten-Nutzen-Rechung" auch für den spaßmotivierten Freizeitläufer aus, der beschwerdefrei ist und zu wenig Zeit hat, sich auf eine Technikumstellung entsprechend vorzubereiten. Es muss immer wieder betont werden: Wer sich in den ersten Wochen und Monaten nicht richtig vorbereitet, der kann beim Federn auf dem Vorfuß leicht Schiffbruch erleiden und sollte die Finger davon lassen!

KONZEPT

Einige mögen sich wundern, warum die Achillessehnenentzündung hier nicht aufgeführt ist. Dieses ganz spezielle Argument gegen das Vorfußlaufen verliert seinen Schrecken sehr schnell, wenn man sich die physiologischen Verhältnisse der Wadenmuskulatur einmal genauer anschaut (Kapitel 3) und die wirklichen auslösenden Faktoren betrachtet (Kapitel 9).

Das Trainingskonzept

Die Vorbeugung von Verletzungen bei der Umstellung auf die neue Technik bedarf also in erster Linie einer guten Trainingsstruktur. Der gerne praktizierte Weg, einfach von heute auf morgen in mehr oder minder großem Umfang das Training auf den Vorfuß zu verlagern, führt zwangsläufig zu Problemen. Typische Beschwerden in solchen Fällen sind die Achillessehnenentzündung, die Vorfußüberbelastung und eine ganze Reihe von Verletzungen, die zu einem großen Teil auch dem falschen Schuhwerk des neuerlichen Ballenläufers anzulasten sind. So können die medialen Schienbeinkantensyndrome gerade beim Vorfußläufer entsprechend dem auf Seite 30 erläuterten Mechanismus entstehen.

Abb. 2.3: Die Umstellung auf das Vorfußlaufen erfordert die Berücksichtigung verschiedener Übungsbereiche.

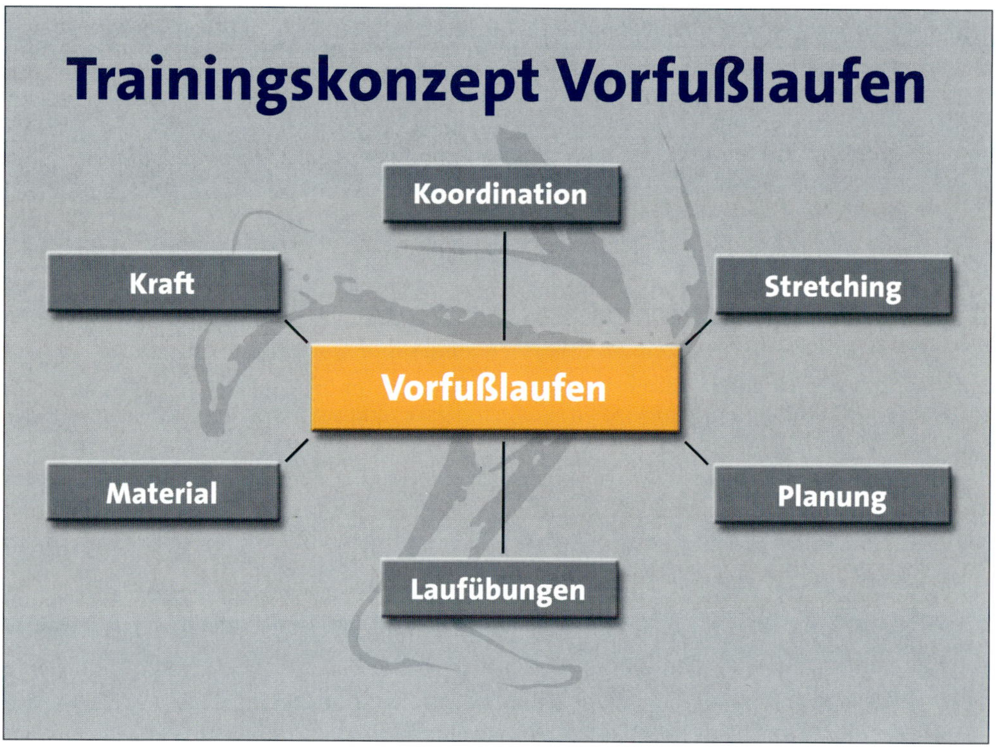

Zu Beginn einer Technikumstellung steigt aber vorübergehend immer die Verletzungsgefahr, ganz besonders bei erfahrenen Läufern und Triathleten, bei denen sich entsprechend über Jahre ein altes Bewegungsmuster eingeschliffen hat. Deshalb muss man behutsam und mit dem nötigen Sachverstand an einen solchen Trainingsprozess herangehen und auf eventuelle Rückschläge gefasst sein. Kurz vor der Saison noch die Technik geändert, um dann die Konkurrenz in Angst und Schrecken zu versetzen? Sicherlich wird das nicht funktionieren. Erstens wird ein solches Gebaren wohl eher beim Orthopäden auf der Behandlungsliege als auf dem Siegerpodest enden. Und selbst wenn Sie es überstehen würden: Bis sich neue Bestleistungen einstellen, wird eine gewisse Zeit vergehen. Der Körper muss schließlich ein völlig neues Zusammenspiel seiner Muskulatur erlernen!

Das Ganze ist mehr als die Summe seiner Teile

Worauf sollte der Anwärter auf die Vorfußtechnik nun achten? Er muss in seine Trainingsvorbereitung ein **Krafttraining**, ein **Koordinationstraining** sowie **Stretching-** und **lauftechnische Übungen** einbauen (Abb. 2.3). Dies mag einige Sportler erschrecken – schließlich ist bekannt, dass diese Trainingsinhalte auch heute noch in dem Training der meisten Läufer und Triathleten, auch der ambitioniertesten, selten einen Platz finden. Aber warum eigentlich? Immerhin sorgen diese Trainingsinhalte doch für Abwechselung und sind auch nachweislich in der Lage die Leistung zu steigern und durch eine Verbesserung

INFO

Schuhe und Einlagen

Schuhe und orthopädische Einlagen müssen aufgrund des geänderten Bewegungsablaufs mit weniger Stützbedarf an die Bewegung des Vorfußlaufens angepasst werden!

der Technik die Verletzungsrate im Laufen zu senken. Wie auch immer: Zum komplikationslosen Erlernen der Vorfußlauftechnik stellen sie nicht nur einen wesentlichen Bestandteil dar, sondern bilden vielmehr die absolute Basis für das neuerlich angestrebte Laufen auf dem Ballen.

Zuallererst müssen für diese Inhalte Rahmenbedingungen geschaffen werden. Wo kann ich einen Kraftraum benutzen? Trete ich eventuell einem Fitnessclub bei? Wo befindet sich die nächste Laufbahn für bestimmte lauftechnische Übungen? Was in den einzelnen Bereichen genau zu beachten ist, erfahren Sie in den folgenden Kapiteln. Aber auch das Arbeitswerkzeug Laufschuh muss einer gründlichen Kontrolle unterzogen werden. Sie tragen orthopädische Einlagen? Auch hier ist es unabdingbar, die Versorgung komplett auf die neue Technik abzustimmen. Wie Sie hier die richtigen Entscheidungen treffen, wird in Kapitel 8 erläutert.

Keine Zeit für Techniktraining?

Das Training zum Erlernen der Vorfußlauftechnik wird für die meisten Sportler

KONZEPT

INFO

Vorfußlaufen im Freizeitsport

Wer als Freizeitsportler eine neue Technik erlernen will, sollte sich innerhalb der Lernphase aus dem trainingsmethodischen Erfahrungsschatz des Leistungssportlers bedienen. Diese Trainingsinhalte werden in geringerem Umfang ausgeübt und können nach dem erfolgreichen Umstellungsprozess wieder aus dem Trainingsalltag verschwinden.

also einen radikalen Schnitt in ihren Trainingsgewohnheiten bedeuten, zumindest in der Lernphase. Später kann man – seien Sie beruhigt – so man denn möchte auch wieder in alte Trainingsmuster zurück fallen. Aber zu Beginn werden auch die Trainingsinhalte der „richtigen" Laufeinheiten deutlich verändert: Qualität statt Quantität lautet die neue Devise. Fast niemand wird nämlich den gewohnten Umfang von 3, 8, 15 oder gar 25 Kilometern sofort auf dem Ballen federn können. Es werden einige Monate vergehen, bis man wenigstens einmal pro Woche wieder den gewohnten Umfang absolvieren kann – dafür aber in einer viel eleganteren und viel effizienteren Art und Weise!

Es kann nur an jeden Läufer, der dieses Buch liest, appelliert werden, sich den neuen Trainingsinhalten gegenüber zu öffnen. Gerade auch die Triathleten können von dem technisch anspruchsvolleren Trainingsablauf profitieren. Die Zeiten haben sich eben geändert: Mit der berühmten 15-Kilometer-Runde, die viermal pro Woche zügig gelaufen wird, sind heute keine konkurrenzfähigen Laufleistungen mehr zu erreichen. Sie meinen, Sie hätten in Ihrem straffen Trainingsplan keine Zeit für Technikübungen & Co.? Spätestens nach dem dritten Lauf-ABC werden Sie feststellen, wie intensiv dieser Trainingsreiz nicht nur auf Ihre koordinativen Fähigkeiten, sondern auch auf Ihr Herz-Kreislauf-System wirkt!

Der Freizeitläufer

Aber auch die Läufer, die nie an Leistungssteigerung und Bestzeiten gedacht haben, die ihre Figur trimmen und/oder ihrer Gesundheit etwas Gutes tun wollen, ohne ihre Gelenke mit der Rückfußlauftechnik zu belasten, sollen hier ihren Leitfaden finden. Man muss nicht zum Leistungssportler werden, um auf dem Vorfuß zu laufen, schließlich wohnt uns allen dieser natürliche Bewegungsablauf inne. Man sollte sich jedoch einiger Trainingsmethoden und Erfahrungen aus dem Bereich des Leistungssports bedienen, natürlich in einem akzeptablen Ausmaß und wahrscheinlich auch nur so lange, bis die Technik ausreichend beherrscht wird. Danach kann man getrost wieder seine morgendliche Parkrunde joggen, ohne sich allzu viel mit Krafttraining und anderlei Dingen zu befassen. Aber für die Lernphase sollte der Freizeitsportler diese Trainingsinhalte ernst nehmen, genauso wie die Hinweise zur Schuhversorgung. Denn warum sollten Sie den Fortschritt nur den Profis überlassen?

Abb. 2.4: Der natürliche Laufstil auf dem Vorfuß ist längst nicht mehr nur den Profis vorbehalten. Auch immer mehr Freizeitläufer erkennen die Vorzüge der Technik.

adidas
adidas

Kraft- und Koordinationstraining

Kraft- und Koordinationstraining

Es ist häufig ein großes Problem, den Ausdauerathleten von der Sinnhaftigkeit eines Krafttrainings zu überzeugen. Schließlich sind Kraft und Ausdauer konkurrierende Eigenschaften – das weiß inzwischen die Mehrzahl der Sportler. Entweder trainiert man sich also mit Gewichten gewaltige Muskelberge an und nimmt entsprechend an Gewicht zu, oder man führt sein Ausdauertraining durch und bekommt schlanke Muskeln bei einem idealen Körpergewicht...

Ganz so einfach sollte man sich die Betrachtung gleichwohl nicht machen. Ein Minimum an Kraft ist nämlich auch für eine saubere und effektive Technikumsetzung notwendig. Die Verbesserung dieser Krafteigenschaften geht mit einer Optimierung sowohl der intra- als auch der intermuskulären Koordination einher, also dem Zusammenspiel der Fasern eines einzelnen Muskels und dem der verschiedenen Muskeln untereinander. Unter den Gegebenheiten eines optimierten Bewegungsablaufs ist somit auch für den Ausdauersportler die Verbesserung seiner Leistungsfähigkeit wahrscheinlich.

INFO

Krafttraining im Ausdauersport

Krafttraining ist die wichtigste und effektivste Verletzungsprophylaxe für den Ausdauersportler, da es die Gelenke schützt. Außerdem sind eine verbesserte Technikumsetzung und somit eine verbesserte sportartspezifische Leistungsfähigkeit möglich. Im modernen Training des Ausdauersportlers sollte das Krafttraining einen festen Platz haben.

Weniger Verletzungen durch Krafttraining

Ein weiterer wichtiger Faktor, der für die Durchführung eines Krafttrainings spricht, ist die Prophylaxe von Verletzungen und Überlastungsbeschwerden des Bewegungsapparates. Für den Läufer ist es nur natürlich, dass er seine Streckmuskulatur mehr belastet als die Beuger des Beines, schließlich arbeitet er gegen die Schwerkraft. Bei den heute anzutreffenden Trainingsumfängen und dem Mangel an ähnlich intensiver anderweitiger körperlicher Aktivität kommt es so jedoch besonders leicht zu einer extremen Verlagerung des Gleichgewichts zuungunsten der Beuger. Dieses Missverhältnis nennt der Mediziner eine muskuläre Dysbalance. Die unausgewogen trainierte Muskulatur begünstigt die Fehlbelastung von Gelenken und kann neben schmerzhaften Sehnenüberlastungen auch deren vorzeitigem Verschleiß den Weg bahnen. Dies ist wohl der wichtigste Grund für den Läufer wieder eine Balance in die stark geforderten Muskelpartien der Beine zu bringen.

Für den zukünftigen Vorfußläufer steht natürlich gerade die lange vernachlässigte Fuß- und Unterschenkelmuskulatur im Zentrum der Bemühungen. Fortan sollen diese nämlich das Körpergewicht wieder stützen und ausfedern. Keine leichte Aufgabe, aber erst recht keine unmögliche. Kaum ein Organ kann sich nämlich an Belastungen so vorzüglich anpassen wie die

Muskulatur. So kommt also der lernende Vorfußläufer definitiv nicht an einem Kraftprogramm vorbei.

Krafttraining ist nicht gleich Krafttraining

Wie unterscheidet sich nun das Krafttraining des Bodybuilders von dem des grazilen Langstreckenathleten oder Gesundheitssportlers? Um die Belastung einer Krafttrainingseinheit zu beschreiben nennt man die Anzahl an Übungsserien (auch Sätze genannt), die Anzahl der Wiederholungen einer Übung pro Serie und die Größe des verwendeten Gewichts. So kann man beispielsweise drei Serien à 15 Wiederholungen mit 20 kg Gewicht auf den Schultern für die Übung Kniebeuge beschreiben. Außerdem ist die Pausenlänge zwischen den Sätzen wichtig für die Kennzeichnung der Belastung.

Der Kraftsportler, der auf einen Zuwachs seiner Muskelmasse und seiner Kraftwerte erpicht ist, wird hierfür ein Muster aus mehreren Sätzen mit relativ wenigen Wiederholungen bei hohen Gewichten wählen. Um sein gewünschtes Trainingsziel zu erreichen ist außerdem die Pausenlänge recht großzügig bemessen.

Das optimale Krafttraining für Ausdauersportler

Anders der Ausdauersportler. Er wird für die eingangs erwähnten positiven Effekte 3 - 5 Übungssätze mit jeweils circa 25 Wiederholungen und einer Pausenlänge von 1 - 2 Minuten wählen. Bei dem hierfür erforderlichen relativ niedrigen Trainingsgewicht ist dies sehr gelenkschonend und bringt nur einen sehr geringen Anstieg der Muskelmasse mit sich. Auch für den Gesundheitssportler ist diese Art des Krafttrainings, nicht nur für die Beine, sehr empfehlenswert. Niedriges Gewicht bedeutet in diesem Zusammenhang eine Auswahl des Widerstands auf einem Niveau, das den Sportler bei den letzten der 25 Wiederholungen langsam eine deutliche Beanspruchung der belasteten Muskelgruppe spüren lässt, jedoch keinen Schmerz.

INFO

Krafttraining für Ausdauer- und Gesundheitssportler

- 3-5 Sätze
- je 25 Wiederholungen
- niedrige Gewichte
- Satzpausen von 1-2 Minuten
- langsame und sorgfältige Bewegungsausführung

Die Kraftübungen des Ausdauersportlers sollten stets langsam und sorgfältig ausgeführt werden. Ruckartige Anstrengungen mit maximaler Belastung sind zu vermeiden, eventuell müssen die Widerstände entsprechend angepasst werden.

Wichtig: Ein sorgfältiges Aufwärmprogramm ist Bestandteil jedes Krafttrainings! Muskel- und Sehnenverletzungen lässt sich so vorbeugen. Geeignet hierfür sind Übungen wie Radfahren, Rudern auf dem Ergometer oder vielleicht auch Seilspringen, die bei niedrigen Intensitäten für 10-15 Minuten

KRAFT

INFO

Krafttraining

Ein Aufwärmprogramm von 10-15 Minuten und ein Stretching der beanspruchten Muskulatur gehören zum Krafttraining unbedingt dazu.

durchgeführt werden sollten. Zusätzlich kann man vor jeder Kraftübung diese zunächst ohne Trainingsgewicht im Sinne eines so genannten Leersatzes durchführen. Auch so kann man die Arbeitsmuskulatur auf die Beanspruchung vorbereiten.

Die richtige Reihenfolge

Der Leistungssportler, der mehrere Trainingseinheiten am Tag absolviert, sollte sich vergegenwärtigen, dass zuerst immer Schnelligkeits- und Koordinationsübungen absolviert werden, bevor Kraftschwerpunkte und zuletzt Ausdauerinhalte in den Vordergrund treten. Nicht nur in der Triathlonpraxis bedeutet dies: Erst zum Krafttraining, dann Rad fahren, schwimmen oder eben laufen, nicht umgekehrt!

INFO

Die richtige Trainingsreihenfolge

❶ Koordination und Schnelligkeit
❷ Kraft
❸ Ausdauer

Stretching ist ein Muss!

Da ein gekräftigter Muskel zur Verkürzung neigt, sollte sich an jedes Krafttraining ein Stretchingprogramm anschließen, welches am noch warmen Körper, am besten direkt nach dem Trainingsprogramm, durchgeführt wird. Alle wichtigen Informationen zum Stretching und die richtigen Übungen für den Vorfußläufer finden Sie in Kapitel 4. Wichtige Informationen über den unterschiedlichen Einsatz des Krafttrainings im Jahresverlauf lesen Sie in Kapitel 6, das sich mit dem Trainingsaufbau befasst.

Kraft ist jedoch ohne die nötige Koordination wertlos. Die Kraft- und Ausdauereigenschaften sollen schließlich in einen idealen Bewegungsablauf münden. Kraft- und Koordinationstraining haben jedoch einige Schnittstellen. So gibt es in den meisten Krafträumen Geräte, die nur einen geführten Bewegungsablauf für eine Muskelgruppe zulassen, und so genannte Freihanteln. Während mit ersteren die koordinative Schulung im Hintergrund steht, wird diese mit den freien Gewichten wesentlich besser gefördert. Es bietet sich also immer an auch diese Übungen in sein persönliches Programm mit einzubauen. Übungen, die primär die Koordination fördern, finden Sie am Ende dieses Kapitels.

Welche Muskeln sollten Läufer trainieren?

Wichtig ist für den Läufer vor allem ein ausgewogenes Kraftverhältnis aller an der Bewegung und an der Stabilität der Körperhaltung beteiligten Muskeln, um den Folgen muskulärer Dysbalancen (s. o.)

INFO

Die Muskeln des Läufers

Im Folgenden finden Sie die Aufstellung der Muskeln, denen Sie sich gezielt mit einem Krafttraining zuwenden sollten.

Die Muskeln der Streckergruppe

- vierköpfiger Oberschenkelstrecker (M. quadriceps femoris)
- Wadenmuskulatur (M. triceps surae), bestehend aus dem Zwillingswadenmuskel (M. gastrocnemius) und dem Schollenmuskel (M. soleus)
- Gesäßmuskel (M. gluteus max.)

Die Muskeln der Beugergruppe

- hintere Oberschenkelmuskulatur (ischiocrurale Muskulatur)
- Schienbeinmuskulatur (M. tibialis anterior, M. extensor digitorum/hallucis longus)
- Hüftlendenmuskel (M. iliopsoas)

Weitere wichtige Muskelgruppen

- Abduktoren (M. gluteus medius et minimus)
- Adduktorengruppe (Mm. adductores)
- Bauch (M. rectus abdominis)
- Rücken (M. erector spinae)

und Haltungsschwächen vorzubeugen. Allerdings gibt es für den Vorfußläufer eine Schlüsselstelle zum Erfolg: das differenzierte Training der Wadenmuskulatur (M. triceps surae), die sich aus dem Zwillingswadenmuskel (M. gastrocnemius) und dem Schollenmuskel (M. soleus) zusammensetzt!

Schlüsselstelle Wadenmuskulatur

Die Übungen für die beiden Teile der Wadenmuskulatur sind die wichtigsten für den Vorfußläufer überhaupt! Er muss beide jedoch unbedingt getrennt betrachten und kann niemals die eine durch die andere ersetzen. In diesen Übungen liegt auch das größte Potenzial zur Vermeidung von unangenehmen Achillessehnenreizungen. Verständlich wird dies erst, wenn man sich die Mechanik der beiden Teile der Wadenmuskulatur genauer anschaut.

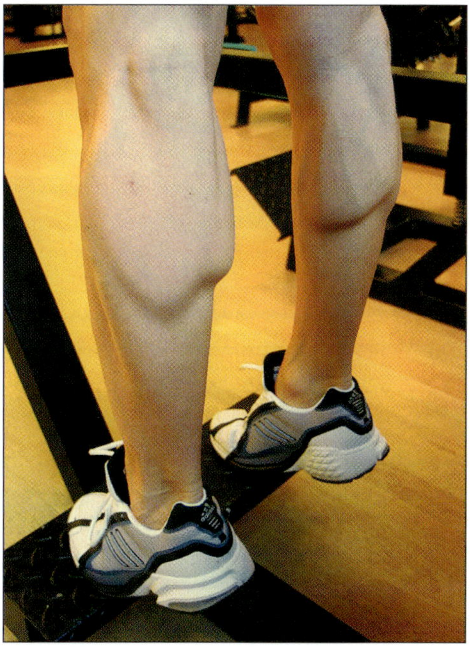

Abb. 3.1: Die gut ausgebildete Wadenmuskulatur ist eine der Schlüsselstellen zum Erfolg mit Ihrer neuen Lauftechnik.

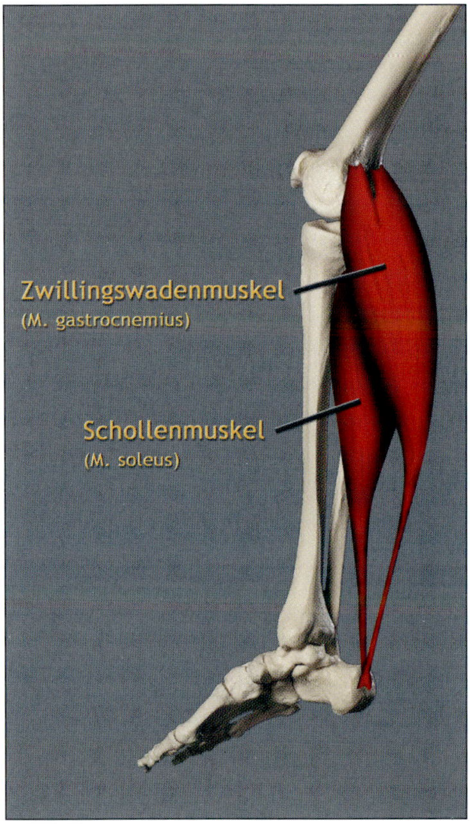

Abb. 3.2 a: Zwillingswadenmuskel und Schollenmuskel bei Streckung des Kniegelenks. Der Zwillingswadenmuskel ist so stärker gespannt als bei Beugung.

Der Zwillingswadenmuskel entspringt oberhalb des Kniegelenks und strahlt über die Achillessehne in das Fersenbein ein. Seine Funktion wird durch Beugung und Streckung des Kniegelenks maßgeblich beeinflusst. Der Schollenmuskel, der den dritten Kopf des Wadenmuskels repräsentiert, entspringt jedoch von der Rückseite des Schien- und Wadenbeins, um dann in die Achillessehne mit einzugehen und ebenfalls am Fersenbein befestigt zu werden. Es ist einleuchtend, dass dieser Muskel durch die Bewegungen im Kniegelenk nicht beeinflusst wird.

Aus der Trickkiste der Biomechanik

Während jetzt der Zwillingswadenmuskel bei Streckung im Kniegelenk gespannt wird und somit in dieser Stellung effektiv arbeitet, ist sein Wirkungsgrad bei Kniebeugung wesentlich schlechter. In der Laufbewegung ist er also für das Abstoßen besonders entscheidend. Wo liegt aber die Hauptbelastung der Achillessehne und Wadenmuskulatur in der Vorfußlaufbewegung? In der Stützphase befindet sich das Fersenbein in der Luft und muss durch die Wade gehalten werden. Hierbei ist das Kniegelenk gebeugt! Somit ist für eine wirkungsvolle Arbeit von Wade und Achillessehne beim Vorfußlaufen insbesondere der Schollenmuskel zu trainieren, da er im Gegensatz zum Zwillingswadenmuskel auch in Kniebeugung einen guten Wirkungsgrad hat. Ist er zu schwach, bildet er zusammen mit der Achillessehne das schwächste Glied in der Kette (Abb. 3.2 a und b).

Interessanterweise findet man bei unseren Verwandten im Tierreich, die weitestgehend ähnliche Muskelgruppen aufweisen wie wir, diesen Sachverhalt auch in der Faserzusammensetzung der beiden Wadenmuskelanteile wieder. Der Zwillingswadenmuskel hat einen höheren Anteil an schnellen Muskelfasern, um einen effektiven Abdruck aus der Kniestreckung zu ermöglichen. Der Schollenmuskel andererseits hat einen hohen Anteil an ausdauernden Fasern, die ihn klar als Lastenträger der Laufbewegung markieren.

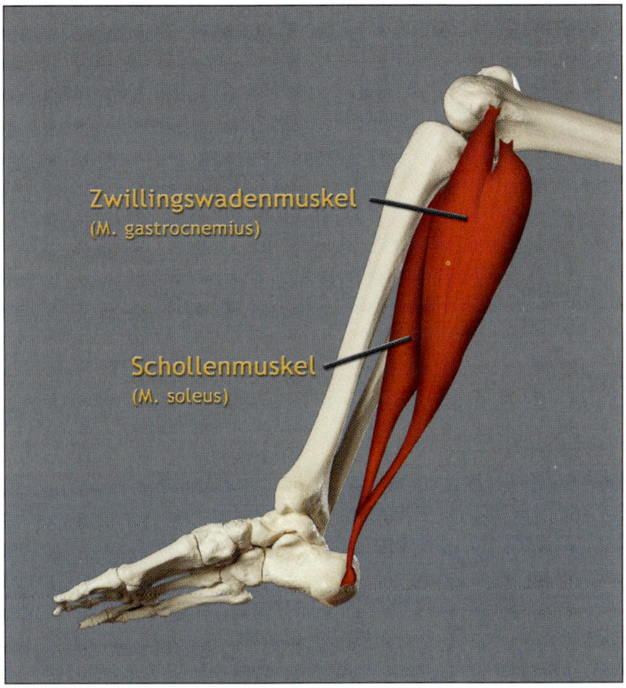

Abb. 3.2 b: **Zwillingswadenmuskel und Schollenmuskel bei Beugung des Kniegelenks. Der Schollenmuskel behält seine Spannung im Gegensatz zum Zwillingswadenmuskel bei.**

Leider wird unter Kräftigung der Wade immer nur die Kräftigung des Zwillingswadenmuskels verstanden. Für alle angehenden Vorfußläufer ist aber der Schollenmuskel der wichtigste zu trainierende Muskel überhaupt! Achten Sie bei der Auswahl Ihres Kraftstudios auf ein entsprechendes Trainingsgerät!

Minimalprogramm für Gesundheitssportler

Dem Gesundheits- und Freizeitsportler mit wenig Zeit für allzu ausführliche Trainingsaufgaben sei am Trainingsanfang empfohlen, wenigstens die folgenden Basisübungen zu berücksichtigen:

- Schollenmuskel
- Zwillingswadenmuskel
- Beinpresse
- Oberschenkelstrecker
- Oberschenkelbeuger
- Abduktoren
- Adduktoren

Nach einigen Monaten wird er das Krafttraining entweder reduzieren oder dieses ganz aussetzen können. Empfehlenswert ist es jedoch auch für ihn, die Übungen dauerhaft in das Training zu integrieren. Das gleiche gilt für den Leistungssportler, der abhängig vom Saisonzeitpunkt (s. Kapitel 6) den größten Teil dieser Übungen für ein effizientes und verletzungsfreies Lauftraining dauerhaft in seine Planung einbeziehen sollte.

TIPP

So beugen Sie Verletzungen vor

Der Schollenmuskel ist der wichtigste Muskel im Krafttraining des Vorfußläufers! Er trägt die Last des Körpergewichts in der Stützphase und ist unbedingt zu kräftigen, um der **Achillessehnenentzündung** wirksam vorzubeugen.

Die Übungen zur Kräftigung am Trainingsgerät

Strecker

Oberschenkelstrecker (M. quadriceps femoris)

Gegen den Widerstand des Gerätes wird der Unterschenkel im Kniegelenk gestreckt. Eine leichte Außenrotation der Füße fördert die Kräftigung des inneren Streckeranteils (M. vastus med.), der oft abgeschwächt ist. Wer bereits einen Verschleiß des Knorpels hinter der Kniescheibe zu beklagen hat, der sollte je nach Schweregrad nur die letzten 60° der Streckbewegung ausführen.

Warum ist diese Übung für den Vorfußläufer wichtig?

Der Quadricepsmuskel neigt immer zu einer ungleichen Kräftigung seiner vier Anteile. Um die Kniescheibe dennoch korrekt in ihrem Gleitlager zu führen ist das Krafttraining unabdingbar.

Abb. 3.3: Oberschenkelstrecker (M. quadriceps femoris)

Zwillingswadenmuskel (M. gastrocnemius)

Dieser Teil der Wadenmuskulatur (M. triceps surae) arbeitet aus der Vordehnung der Waden und mit Streckung im Kniegelenk. Extrem wichtig ist es die Bewegung über die Großzehe zu führen. Nicht auf die Kleinzehen kippen! Wer schon beim Krafttraining die Bewegung nicht über den ersten Strahl führt, der wird erst recht im Laufschuh gerne in die Vorfußsupination abkippen!

Warum ist diese Übung für den Vorfußläufer wichtig?

Der Zwillingswadenmuskel wird bei Streckung im Kniegelenk gespannt und arbeitet somit in dieser Stellung effektiv. In Kniebeugung ist sein Wirkungsgrad wesentlich schlechter – in der Laufbewegung ist er also für das Abstoßen besonders entscheidend.

Abb. 3.4: Zwillingswadenmuskel (M. gastrocnemius)

Schollenmuskel (M. soleus)

Aus der Vordehnung der Waden wird dieser Wadenmuskel-Teil mit gebeugten Kniegelenken trainiert, indem das Sprunggelenk gestreckt wird. Auch beim Soleustraining sollte die Bewegung auf die Großzehe geführt werden! Notfalls kann man auch die Knie auf dem Gerät etwas zusammennehmen, während die Füße weiter in Hüftbreite verharren: So wird auch in schwierigen Fällen die korrekte Bewegung über den ersten Strahl sichergestellt.

Warum ist diese Übung für den Vorfußläufer wichtig?

Der Schollenmuskel ist der wichtigste Muskel im Krafttraining des Vorfußläufers! Er trägt die Last des Körpergewichts in der Stützphase und ist unbedingt zu kräftigen, um der Achillessehnenentzündung wirksam vorzubeugen und einen der häufigsten Vorbehalte gegen das Vorfußlaufen auszuschalten.

Abb. 3.5: Schollenmuskel (M. soleus)

KRAFT

Gesäß und Streckerkette an der Beinpresse

Aus einem Kniebeugewinkel von ca. 90° wird die untere Extremität gegen den Widerstand der Beinpresse gestreckt. Die Füße stehen etwa in Hüftbreite und sind leicht außenrotiert. Achten Sie darauf, dass in den Kniegelenken nie endgradig gestreckt wird!

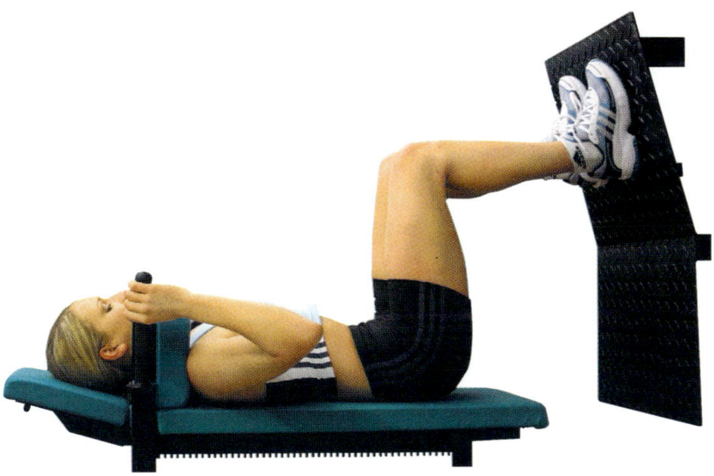

Warum ist diese Übung für den Vorfußläufer wichtig?

Die Beinpresse kräftigt die gesamte Streckerkette in einer dem Laufen ähnlichen Interaktion der Muskelgruppen. Gerade auch das Gesäß ist für die Zugbewegung der Vorfußlaufbewegung wichtig.

Abb. 3.6: Streckerkette

Beuger

Oberschenkelbeuger (ischiocrurale Muskulatur)

Das Bein wird im Kniegelenk gegen den Widerstand der Wadenrolle gebeugt. Es gilt ein Hohlkreuz zu vermeiden, was am ehesten durch eine aktive Anspannung der Bauchmuskulatur während der Bewegung erfolgen kann.

Warum ist diese Übung für den Vorfußläufer wichtig?

Die hintere Oberschenkelmuskulatur spielt für den Vorfußläufer eine herausragende Rolle, da der Läufer nach dem Aufsetzen des Fußes eine aktive Zugbewegung mit dieser Muskelgruppe ausführt – der wichtigste Vorteil des Vorfußstils gegenüber dem Rückfußstil in Sachen Geschwindigkeit! Zusätzlich haben diese Muskeln für die Stabilisierung des Gelenks eine wichtige Bedeutung: So wird beispielsweise das vordere Kreuzband in seiner Funktion unterstützt.

Abb. 3.7: Hintere Oberschenkelmuskulatur (ischiocrurale Muskulatur)

Vorderer Schienbeinmuskel (M. tibialis anterior)

Eine Kräftigung des vorderen Schienbeinmuskels kann ideal mit dem Gymnastikband (Theraband) durchgeführt werden. Dieses wird dafür in einer Schlaufe über den Fußrücken gelegt und in einer weiteren Schlaufe mit einem nicht verschieblichen Gegenstand verbunden. Gegen den Widerstand des Bandes wird alsdann bei weiterhin gestrecktem Bein die Fußspitze angezogen.

Warum ist diese Übung für den Vorfußläufer wichtig?

Das Training der Schienbeinmuskulatur sorgt für die Erhaltung der muskulären Balance zwischen stark geforderter Wade und den wenig aktiven vorderen Schienbeinmuskeln.

Abb. 3.8: Vorderer Schienbeinmuskel (M. tibialis anterior)

Hüftlendenmuskel (M. iliopsoas)

Den Hüftlendenmuskel trainiert man in entsprechenden Krafttrainingsvorrichtungen. Hierbei wird durch ein Anziehen des Oberschenkels das Hüftgelenk gebeugt, als Widerstand wirkt das Eigengewicht der Beine. Auch durch Skippingübungen aus dem Lauf-ABC (s. Kapitel 5) wird der Hüftlendenmuskel trainiert.

Warum ist diese Übung für den Vorfußläufer wichtig?

Der Hüftlendenmuskel ist in größtem Ausmaß an der Ausführung des Kniehubes und damit des raumgreifenden effektiven Laufschrittes beteiligt. Seine Kräftigung ist jedoch stets mit einem Dehnungsprogramm zu verbinden, da er sehr häufig verkürzt ist, was zu einer Hohlkreuzbildung der Lendenwirbelsäule führen kann.

Abb. 3.9: Hüftlendenmuskel (M. iliopsoas)

TIPP

So beugen Sie Verletzungen vor

Durch die starke Verkürzungstendenz des Hüftlendenmuskels kann – bedingt durch sein Ursprungsgebiet an der Lendenwirbelsäule – eine ungünstige Zugbewegung auf diese ausgeübt werden. Der entstehenden **Hohlkreuzproblematik** sollte mit entsprechenden Dehnungsübungen vorgebeugt werden. Sportler, die ohnehin sehr zu dieser Verkürzung neigen, sollten ein Training des Hüftlendenmuskels unterlassen!

KRAFT

Abduktoren, Adduktoren und Rumpf

Abb. 3.10: Abduktoren (M. gluteus medius et minimus)

Abduktoren (M. gluteus medius et minimus)

Die Schenkel werden gegen den Widerstand des Trainingsgeräts abgespreizt. Der Rumpfbereich ist hierbei durch Anspannung von Bauch- und Rückenmuskulatur gut zu fixieren.

Warum ist diese Übung für den Vorfußläufer wichtig?

Die Abduktoren sind eine sehr oft vernachlässigte Muskelgruppe, die jedoch für die Stabilisierung der Beinachse in der Laufbewegung von eminenter Wichtigkeit ist. Bei der oft vorzufindenden Abschwächung ist es sinnvoll zunächst deutlich mehr Trainingszeit für diese Muskelgruppe aufzuwenden als für die oft überproportional stärkeren (und kürzeren!) Adduktoren.

Adduktoren (Mm. adductores)

Die Schenkel werden gegen den Widerstand des Trainingsgerätes angezogen. Der Rumpfbereich ist hierbei durch Anspannung von Bauch- und Rückenmuskulatur gut zu fixieren.

Warum ist diese Übung für den Vorfußläufer wichtig?

Die Adduktoren spielen eine wesentliche Rolle in der Stabilisierung von Kniegelenk und Beinachse. Ihr Training sollte deshalb niemals vernachlässigt werden. Jedoch ist auf das angesprochene Ungleichgewicht zwischen ihnen und den Abduktoren zu achten. Zwar sind auch im Zustand der muskulären Balance die Adduktoren die stärkere Muskelgruppe, doch darf sich dieses Verhältnis nicht noch weiter zuungunsten der Abduktoren verlagern. Ferner ist insbesondere bei den Adduktoren auf die regelmäßige Dehnung zu achten.

Abb. 3.11: Adduktoren (Mm. adductores)

Bauchmuskulatur (M. rectus abdominis)

Die Bauchmuskulatur kann durch „Sit-ups" aufgebaut werden. Bei angewinkelten Beinen wird in Rückenlage der Oberkörper mit der Bauchmuskulatur angehoben, wobei die Lendenwirbelsäule den Kontakt zur Unterlage beibehält. Durch seitliches Eindrehen nach dem Anheben des Oberkörpers ist diese Übung in vielseitigen Ausführungen auch zur Kräftigung der schrägen Bauchmuskeln geeignet.

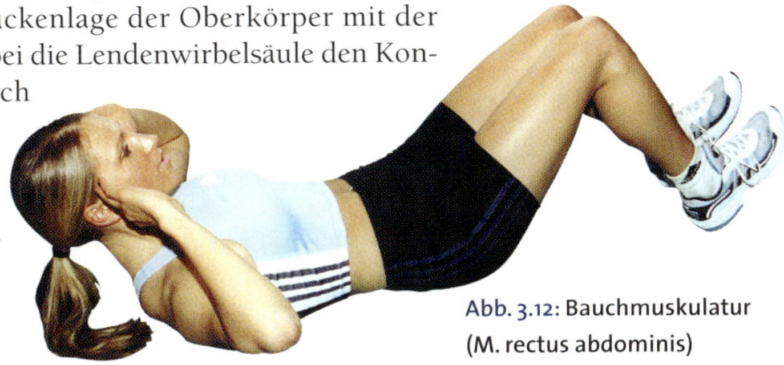

Abb. 3.12: Bauchmuskulatur (M. rectus abdominis)

Warum ist diese Übung für den Vorfußläufer wichtig?

Die deutlich bessere Streckung des Körpers in der Laufbewegung des Vorfußläufers kann sich auch in einer Tendenz zur Hohlkreuzbildung widerspiegeln. Um dem entgegenzuwirken ist eine gut gekräftigte Bauchmuskulatur als Gegenspieler notwendig.

Rückenmuskulatur (M. erector spinae)

An einem Hyperextensionsgerät kann man die Streckmuskulatur der Wirbelsäule schonend mit einer Aufrollbewegung aufbauen. Es ist darauf zu achten, dass keine Überstreckung der Wirbelsäule stattfindet, die die empfindlichen Zwischenwirbelgelenke in Mitleidenschaft ziehen könnte.

Warum ist diese Übung für den Vorfußläufer wichtig?

Für die Stabilisierung des Rumpfes ist ein kräftiges Muskelkorsett aller beteiligten Muskelgruppen sinnvoll. Besonders für die aktive Streckung ist diese Muskelgruppe bedeutsam.

Abb. 3.13: Rückenmuskulatur (M. erector spinae)

Die Kraftübungen mit freien Gewichten

Die nun folgenden Übungen bilden die Schnittstelle zu den koordinativen Übungen und werden mit „freien Gewichten" durchgeführt. Es ist empfehlenswert, die meisten dieser Übungen barfuß oder wenigstens auf rutschfesten Socken durchzuführen. So arbeitet der Fuß am natürlichsten und kann seine Muskulatur am effektivsten einsetzen. Ein Fuß, der natürlich und somit perfekt arbeitet, wird Ihnen beim späteren Laufen auf dem Vorfuß sehr nützlich sein. Beginnen Sie also schon im Krafttraining Ihren Fuß zu aktivieren und stellen Sie ihn nicht wie gewohnt im Schuhwerk und mit entlastenden orthopädischen Einlagen ruhig. Wir werden noch mehrfach auf diese Problematik zurückkommen.

Abb. 3.14: Ausfallschritte mit der Langhantel

Ausfallschritte mit der Langhantel

Ausgangsposition ist der schulterbreite Ausfallschritt, leicht außenrotierte Füße und eine gut angespannte Rumpfmuskulatur. Das Kniegelenk des hinteren Beines wird in Richtung Boden geführt, dann richten Sie sich wieder auf. Um den Druck hinter der Kniescheibe gering zu halten, sollte bei den Ausfallschritten das Knie vor dem Körper nicht vor die dazugehörige Fußspitze geschoben werden.

Warum ist diese Übung für den Vorfußläufer wichtig?

Durch den Ausfallschritt mit der Langhantel wird die Streckmuskulatur des Beines besonders im Gesäßbereich gekräftigt. Diese Übung fördert durch den hohen koordinativen Anspruch auch die Stabilisierungsarbeit der Hüftmuskulatur.

Kniebeugen mit der Langhantel

Auch bei den Kniebeugen mit der Langhantel gilt die Regel, dass die Knie nicht vor die Fußspitze geschoben werden. Das Gesäß ist zum Schutz der Knie weit nach hinten zu bewegen. Auf einen schulterbreiten Stand, leicht außenrotierte Füße und eine gut angespannte Rumpfmuskulatur ist zu achten. Die Bewegung folgt aus einer Beugung von 90° in den Kniegelenken in die Streckung, die nicht endgradig erfolgen sollte!

Warum ist diese Übung für den Vorfußläufer wichtig?

Ähnlich der Kraftübung an der Beinpresse werden die Strecker der Beinachse hier in einem sehr laufbewegungsnahen Ausmaß geschult. Die Arbeit mit der Langhantel unterstützt die Ausbildung der koordinativen Fähigkeiten ideal.

Abb. 3.15: Kniebeugen mit der Langhantel

Kniebeuge mit der Langhantel auf Zehenspitzen

Die Übung wird genauso ausgeführt wie die klassische Kniebeuge mit der Langhantel, jedoch folgt der Streckung im Kniegelenk eine Aufrichtung im Sprunggelenk. Die Bewegung auf die Zehenspitzen fördert die Entwicklung der Wadenmuskulatur und die Koordination.

Warum ist diese Übung für den Vorfußläufer wichtig?
Durch den hohen koordinativen Anspruch und die stärkere Einbeziehung der Wadenmuskulatur in die Bewegung als bei der normalen Kniebeuge genießt diese Übung einen hohen Stellenwert für den Vorfußläufer.

Abb. 3.16: Kniebeuge mit der Langhantel auf Zehenspitzen

Nackendrücken mit der Langhantel auf Zehenspitzen

Das Nackendrücken folgt aus der Grundstellung mit schulterbreitem Stand und leicht außenrotierten Füßen. Das Gewicht wird etwas breiter als die persönliche Schulterbreite gegriffen und gerade in die Höhe gestreckt. Auch die Streckung in den Ellenbogen erfolgt wie für die Knie bei den Beingeräten nicht endgradig. Gleichzeitig zur Bewegungsausführung in den Armen wird die Verlagerung des Gewichtes auf den Vorfuß vorgenommen.

Warum ist diese Übung für den Vorfußläufer wichtig?

Auch die Aufrichtung des Rumpfes ist für den Ballenläufer wichtig. Zu einem effektiven Laufstil gehört auch immer die gute Stabilisierung durch die Bauch- und Rückenmuskulatur. Diese Übung fördert neben der Kräftigung der Waden auch die Streckung der gesamten Wirbelsäule und rundet das Programm gut ab.

Abb. 3.17: Nackendrücken mit der Langhantel auf Zehenspitzen

Gesprungene Kniebeugen mit der Langhantel

Diese Übung bleibt erfahrenen Sportlern mit hinreichenden Kenntnissen im Krafttraining vorbehalten. Ferner ist eine Gewöhnungszeit von mindestens zehn Wochen im Kraftausdauertraining in der aktuellen Saison dringend anzuraten. **Anfänger und Gesundheitssportler sollten diese Übung nicht durchführen.** Die Übung wird wie die Kniebeugen mit der Langhantel durchgeführt, jedoch so impulsiv, dass Sie dabei einen Sprung von 10 bis 20 Zentimetern Höhe ausführen. Die Belastung für den Bewegungsapparat ist extrem, weshalb das Training nur gut aufwärmt begonnen werden darf. Drei Sätze mit jeweils acht Wiederholungen und langen Pausen sind bei dieser explosiven, submaximalen Übung ausreichend.

Warum ist diese Übung für den Vorfußläufer wichtig?

Herausragende Effekte erzielt man mit dieser Übung in der unmittelbaren Saisonvorbereitung im Bereich der intermuskulären Koordination. Sie bildet eine gute Grundlage für Läufe in selektivem Gelände und effektive Tempoeinheiten.

Abb. 3.18: Gesprungene Kniebeugen mit der Langhantel

Seilspringen

Seilspringen in all seinen Variationen sollte als Aufwärminstrument und auch als Trainingswerkzeug Einzug in den Trainingsplan eines jeden Vorfußläufers erhalten. Mancher Läufer mag gerade zu Beginn an die Grenzen seiner koordinativen Fähigkeiten stoßen, was es noch lohnender macht, die Bewegung zu schulen.

Warum ist diese Übung für den Vorfußläufer wichtig?
Kaum eine andere Übung vermag die gesamte Streckmuskulatur der Beine so bewegungsspezifisch für das Vorfußlaufen zu trainieren wie das Springen mit dem Seil. Seilspringen ist nach dem Schollenmuskeltraining Ihr zweiter Anker im Kraft- und Koordinationstraining für das Vorfußlaufen.

Abb. 3.19: Seilspringen

Übungen zur Schulung der Koordination

Kippelbretter und Therapiekreisel

Auf Kippelbrettern unterschiedlicher Machart oder dem Therapiekreisel werden die verspannenden Fußmuskeln und die Koordination der gesamten Beinmuskulatur gefördert. Zur Steigerung des Schwierigkeitsgrades haben sich Ablenkungen durch das gegenseitige Zuwerfen von Bällen, das bloße Schließen der Augen oder Bewegungen mit den Armen bewährt.

Abb. 3.21: Kippelbretter müssen über verschiedene Leistenanordnungen verfügen, um alle Muskelgruppen anzusprechen.

Abb. 3.20: Training auf dem Kippelbrett zur Koordinationsschulung

Abb. 3.23: Der Therapiekreisel hat einen Drehpunkt und bietet somit Bewegungsfreiheit in alle Richtungen gleichzeitig.

Abb. 3.22: Koordinationsschule auf dem Therapiekreisel

INFO

Equipment für den Vorfußläufer

Sie finden im Internet unter **www.natuerlich-laufen.de** ein Angebot an speziell für diesen Einsatz entwickelten Materialien.

KRAFT

Stretching

für Läufer

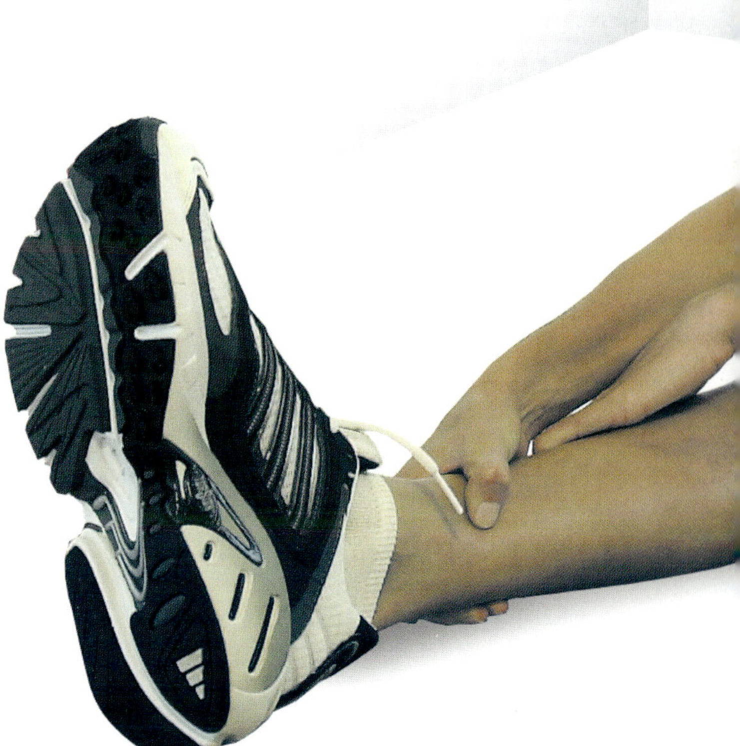

Stretching für Läufer

Die Wichtigkeit des Krafttrainings für den Lernerfolg und vor allem auch die Verletzungsfreiheit des Vorfußläufers wurde in Kapitel 3 deutlich unterstrichen. Ohne ein ausgleichendes Training mit Gewichten können sich ungleichmäßige Kräfteverhältnisse an den Gelenken ausbilden, die diese durch einseitige Beanspruchung schädigen.

Dehnen schützt vor Verletzungen

Aber nicht nur dadurch: Die Ursachen der schädlichen Ungleichgewichte liegen nämlich nur zum Teil in den abgeschwächten Krafteigenschaften eines Muskels. Erst das Zusammenspiel eines verkürzten Arbeitsmuskels mit einem abgeschwächtem Gegenspieler bereitet häufig den Boden für eine Vielzahl typischer Laufverletzungen und Beschwerden.

Um sich einen leistungsfähigen und verletzungsresistenten Bewegungsapparat zu erarbeiten reicht es demnach nicht aus, einzig auf die gleichmäßige Kräftigung seiner Muskulatur zu achten. Das ergänzende Dehnen der zur Verkürzung neigenden Muskelgruppen sollte den gleichen Stellenwert genießen.

Läufer sollten dabei besonders an folgende Muskeln und Muskelgruppen denken:

- vordere Oberschenkelmuskulatur (M. quadriceps femoris)
- hintere Oberschenkelmuskulatur (ischiocrurale Muskulatur)
- Wadenmuskulatur (M. quadriceps surae)
- Adduktoren (Mm. adductores)
- Hüftlendenmuskel (M. iliopsoas)

Die Ursachen muskulärer Dsybalancen

Die Tendenz zur Verkürzung dieser Muskelpartien wird sowohl durch ein umfangreiches Lauftraining als auch das Krafttraining an Geräten unterhalten. Diese Problematik der muskulären Dysbalancen betrifft Rückfußläufer, Triathleten und Vorfußläufer gleichermaßen. Daher sollte jeder Sportler der Erhaltung der muskulären Flexibilität einen festen Platz im Trainingsprogramm einräumen.

Anpassungsvorgänge brauchen Zeit

Allerdings ist für den Sportler, der eine neue Technik erlernen will, auch unabhängig von den oben erwähnten Faktoren in den meisten Fällen ein vorübergehend gesteigertes Risiko für Beschwerden am Bewegungsapparat zu verzeichnen. Durch die Verlagerung der Belastung auf zuvor wenig geforderte Strukturen ist dieses Phänomen

TIPP

So beugen Sie Verletzungen vor

Die Erhaltung der Flexibilität beanspruchter Muskelgruppen ist für die Vermeidung von gefährlichen **muskulären Dsybalancen** und typischen Laufverletzungen ebenso wichtig wie das ergänzende Krafttraining.

leicht zu verstehen. Glücklicherweise passen sich aber binnen einiger Monate auch Strukturen wie Bänder, Sehnen und Knorpel, die recht wenig Stoffwechselaktivität zeigen, an neue Belastungen durch den geänderten Bewegungsablauf an.

Die Muskulatur reagiert hingegen mit einem Leistungszuwachs in wesentlich kürzerer Zeit. Dadurch werden die langsamer adaptierenden Strukturen zu Beginn oftmals schlichtweg überfordert. Denken Sie daran: Nicht nur die Füße werden durch das Vorfußlaufen anders gefordert als zuvor. In gewissem Maße müssen auch die Gelenkstrukturen von Knie und Hüfte sowie eigentlich alle am Laufen beteiligten Elemente des Bewegungsapparates an die neue Beanspruchung gewöhnt werden.

INFO

Stretching

Stretching dient

- der Vermeidung muskulärer Dysbalancen
- der Prophylaxe typischer Laufverletzungen
- der effektiven Umsetzung einer guten Lauftechnik
- der psychischen Entspannung nach der Belastung
- der beschleunigten Regeneration nach dem Training

TIPP

So beugen Sie Verletzungen vor

Die **Trainingsanpassung der Sehnen, Bänder und Gelenkstrukturen** hinkt dem der Muskulatur um viele Monate hinterher. Anpassungsprozesse in diesen stoffwechselinaktiven Bereichen benötigen mehrere Monate, gegebenenfalls sogar Jahre bis zur vollen Anpassung. Steigern Sie die Belastung entsprechend vorsichtig!

Lassen Sie sich Zeit dafür und sorgen Sie gerade zu Beginn Ihres neuen Trainingsprozesses auch durch Stretchingübungen aller Beinmuskeln für eine gute Balance in dem komplizierten Zusammenspiel Ihrer Arbeitsmuskulatur.

Schneller durch Stretching

Für den ambitionierteren Sportler sei noch auf einen weiteren Faktor hingewiesen: Wer möglichst effektiv und schnell laufen möchte, der sollte den eleganten raumgreifenden Schritt, der dafür notwendig ist, nicht durch eine verkürzte Muskulatur behindern. Das betrifft besonders die Triathleten, die durch ein zusätzliches umfangreiches Radtraining und wenig Dehnungsübungen überproportional häufig zu solchen Muskelverkürzungen neigen. Für eine ausreichende Hüftstreckung (s. Kasten S. 29) ist zum Beispiel eine ausreichende Länge des Hüftlendenmuskels unabdingbar.

Abb. 4.1: Machen Sie es sich für Ihre Dehnübungen bequem. Statt des Bordsteins gönnen Sie sich ruhig eine Gymnastikmatte.

Viele Wege führen nach Rom

Viele Möglichkeiten führen den Sportler zum Ziel, Muskelungleichgewichte zu vermeiden, seine Verletzungsgefahr zu minimieren und seine Technik zu verbessern. Die sportmedizinische Forschung hat uns in den letzten Jahren eine breite Palette von mehr oder weniger praktikablen Methoden zur Dehnung eines Muskels beschert.

Ein Trainingsleitfaden zum Erlernen des Vorfußlaufens kann und soll nicht auf die Vielzahl dieser Dehnmethoden eingehen. Wichtig ist, dass Sie die Notwendigkeit eines Gymnastiktraining erkennen. Was die Methodik angeht, so soll die Beschreibung des am meisten verbreiteten Prinzips des Dehnens nach der Dauermethode ausreichen, um den Athleten sicher an die Materie heranzuführen.

Das Dehnen nach der Dauermethode

Bei dieser Art des Dehnens versetzt man den entsprechenden Muskel durch das Einnehmen der entsprechenden Übungsposition in eine leichte Dehnungsspannung. Wenn diese Spannung des „Andehnens" nach ca. 20 Sekunden nachlässt, forciert man die Dehnung, bis erneut ein Spannungsgefühl (kein Schmerz!) eintritt. Diese Position hält man für weitere 20 Sekunden. Der Muskel wir anschließend ausgiebig gelockert, bevor man entweder die Übung ein weiteres Mal durchführt oder sich der nächsten Muskelpartie zuwendet. Für die bequeme Durchführung zahlreicher Übungen, die auf dem Boden stattfinden, hat sich übrigens die Verwendung einer Gymnastikmatte als hilfreich erwiesen (Abb. 4.1).

TIPP

So beugen Sie Verletzungen vor

Das richtige Ausmaß der **Dehnung** ist bei einem Spannungsgefühl der Muskulatur erreicht. Keinesfalls sollte der zu dehnende Muskel schmerzen!

Dehnen Sie nur warme Muskeln

Vergessen Sie nicht, dass man für ein solches Dehnungsprogramm gut aufgewärmt sein muss! Dehnen Sie Ihre gut durchbluteten Muskeln *nach* dem Training und zerren Sie nicht zum Aufwärmen an Ihrer kalten Arbeitsmuskulatur. Des Weiteren sollte man solche Übungen nicht zwischen Tür und Angel durchführen, nur um sein schlechtes Gewissen zu beruhigen. Ein kurzes Andehnen von Muskeln über eine Zeitspanne von wenigen Sekunden führt nämlich zu einer Erhöhung des Muskeltonus und nicht zur gewünschten Entspannung und Vergrößerung der Arbeitslänge!

Leider ist solch kontraproduktives Verhalten immer wieder vor und nach dem Training oder vor Wettkämpfen bei Sportlern zu sehen. Machen Sie es also richtig: Planen Sie das Dehnen *nach* dem Sport für eine gewisse Zeit fest ein. Zehn Minuten können schon genügen. Sorgen Sie für eine ruhige und warme Umgebung und lassen Sie mit sorgfältig ausgeführten Übungen und der notwendigen Dehnungsdauer das Training ausklingen. Nur so werden Sie auf Dauer erfolgreich sein!

Die Übungen sind, da auch dem Autor die Motivationslage der meisten Ausdauersportler zum Thema Stretching bekannt ist, in zwei Gruppen eingeteilt. In der ersten Gruppe finden Sie die Muskelgruppen und Übungen wieder, die gerade zu Beginn des Trainings eines Vorfußläufers und möglichst auch danach als Basisprogramm durchgeführt werden *müssen*. Auch Gesundheitssportler und Freizeitläufer mit einem geringen Zeitbudget können sich auf diese sechs Übungen beschränken.

Die Übungen in der zweiten Gruppe ergänzen das Programm und sollten dauerhaft von ambitionierteren Athleten und solchen, die häufiger unter Verletzungen zu leiden haben, zusammen mit der Übungen der ersten Gruppe durchgeführt werden.

TIPP

So beugen Sie Verletzungen vor

Kurzes **Andehnen** eines Muskels für sieben Sekunden oder weniger erhöht den Muskeltonus und sorgt eher für eine Verkürzung als für eine Entspannung und Vergrößerung der Arbeitslänge des Muskels.

INFO

Richtiges Dehnen

- Sorgen Sie für eine **ruhige warme Umgebung**.
- Benutzen Sie zur größeren Bequemlichkeit eine **Gymnastikmatte**.
- Dehnen Sie Ihre noch warmen Muskeln **nach der Belastung**.
- Planen Sie eine Zeitspanne von **wenigstens zehn Minuten** fest für Ihr Stretchingprogramm ein.
- Dehnen Sie niemals jeden Muskel nur kurz und ruckartig an, sondern halten Sie die Dehnung für **wenigstens 20 Sekunden**.
- Am besten ist es, wenn Sie den Muskel ca. 20 Sekunden **vordehnen** und nach einer Steigerung der Muskelspannung den Muskel erneut für 20 Sekunden dehnen.
- Arbeiten Sie **nicht mit Schmerzen** beim Dehnen. Ein Muskel, der schmerzt, wird sich nicht entspannen und längen lassen.

Stretchingübungen

Gruppe 1: Das Pflichtprogramm

Oberschenkelstrecker (M. quadriceps)

Die Dehnung des Oberschenkelstreckers kann im Stehen oder besser noch in Seitenlage erfolgen. Das Bein wird am Sprunggelenk gegriffen und zum Gesäß gezogen. Da der Oberschenkelstrecker u. a. am Becken entspringt, muss man einer Hohlkreuzbildung durch die kräftige Anspannung der Bauchmuskulatur entgegenwirken.

Wo spüren Sie die Dehnung?
Oberschenkelvorderseite und Leistenregion

Abb. 4.2: Dehnung des Oberschenkelstreckers (M. quadriceps femoris)

Adduktoren (Mm. adductores)

Bei gegeneinander gestellten Füßen zieht man die Fersen nah an das Gesäß, lässt die Schenkel auseinander fallen und drückt diese vorsichtig mit den Händen weiter in die Dehnung. Der Rücken ist hierbei unbedingt gerade zu halten.

Wo spüren Sie die Dehnung?
Oberschenkelinnenseite, von der Leistenregion zum Knie

Abb. 4.3: Dehnung der Adduktoren (Mm. adductores)

Oberschenkelbeuger (ischiocrurale Muskulatur)

Für die Dehnung der ischiocruralen Muskulatur empfiehlt es sich, das Gewicht knieend auf das hintere Bein zu verlagern, während das zu dehnende Bein gerade nach vorne ausgestreckt wird. Auch für diese Übung ist die richtige Ausrichtung von Becken und Rücken wichtig. Achten Sie auf eine normale Aufrichtung in der Lendenwirbelsäule (kein Rundrücken!). Bei geradem Rücken ist die Bewegungsamplitude sehr gering.

Wo spüren Sie die Dehnung?
Rückseite des Oberschenkels bis an das Kniegelenk, eventuell wird auch die Wadenmuskulatur gespannt.

Abb. 4.4: Dehnung der ischiocruralen Muskulatur

Zwillingswadenmuskel (M. gastrocnemius)

Suchen Sie sich eine Wand als Widerstand und sorgen Sie dafür, dass der Fuß des zu dehnenden Beines nicht wegrutschen kann. Auf glattem Untergrund findet die nackte Fußsohle am besten Halt, während auf Teppich unter Umständen der Schuh den besseren Griff hat. Im Ausfallschritt belasten Sie das hintere gestreckte Bein. Um die Dehnung zu verstärken schieben Sie die Hüfte leicht nach vorne zur Wand.

Wo spüren Sie die Dehnung?
Wade, eher unterhalb des Knies

Abb. 4.5: Dehnung des Zwillingswadenmuskels (M. gastrocnemius)

INFO

Dehnen der Wade

Genauso wie die Wade für Ihre zwei Muskeln differenziert gekräftigt werden sollte, muss auch die Dehnung dieses dreiköpfigen Muskels mit zwei unterschiedlichen Übungen erfolgen: einmal mit Streckung und einmal mit Beugung im Kniegelenk.

Schollenmuskel (M. soleus)

Auch bei dieser Übung gehen Sie in den Ausfallschritt als Grundstellung. Beugen Sie nun jedoch das hintere Kniegelenk und verlagern Sie das Gewicht nahezu komplett auf dieses zu dehnende Bein. Um die Dehnung zu forcieren senken Sie die Hüfte ab und beugen dadurch das Sprunggelenk noch stärker.

Wo spüren Sie die Dehnung?
Wade, eher im Bereich oberhalb der Achillessehne

Abb. 4.6: Dehnung des Schollenmuskels (M. soleus)

Hüftlendenmuskel (M. iliopsoas)

Der Hüftlendenmuskel ist ein mehrgelenkiger Muskel: Durch seinen Ursprung an der Lendenwirbelsäule zieht er über mehrere Wirbelgelenke hinweg und ist somit nicht ganz einfach zu dehnen. Machen Sie einen Ausfallschritt und senken Sie das hintere Bein mit dem Knie bis auf die Unterlage ab. Das vordere Bein sollte im Knie einen Winkel von 90° bilden. Bei aufgerichtetem Oberkörper stellt sich bereits eine Spannung des Muskels ein, die mit einem Schub des Gesäßes nach vorne verstärkt werden kann.

Wo spüren Sie die Dehnung?
Leistenregion

Abb. 4.7: Dehnung des Hüftlendenmuskels (M. iliopsoas)

Stretchingübungen

Gruppe 2: Die zusätzlichen Übungen

Abb. 4.8: Dehnung der Abduktoren (Mm. gluteus medius et minimus)

Abduktoren (Mm. gluteus medius et minimus)

Die Abduktoren bearbeiten Sie, indem Sie sich setzen und beide Beine ausstrecken. Für die Dehnung winkeln Sie ein Bein an und stellen dessen Fuß auf der gegenüber liegenden Seite des ausgestreckten Beines ab. Nun rotieren Sie den Oberkörper zur Seite des zu dehnenden Beines und drücken mit dem gegenüberliegenden Arm das oben stehende Knie zur Gegenseite. Zur Verstärkung der Dehnung rotieren Sie den Rumpf weiter und blicken über die Schulter in Richtung der Rotation.

Wo spüren Sie die Dehnung?
Gesäß und Außenseite des Oberschenkels

Birnenförmiger Muskel (M. piriformis)

Legen Sie sich für diese Übung auf den Rücken und stellen Sie ein Bein an. Das andere Bein legen Sie bei Beugung im Kniegelenk und Beugung sowie Außenrotation in der Hüfte mit dem Fuß gegen das andere aufgestellte Knie. Drücken Sie nun mit der Hand gegen das Kniegelenk des zu dehnenden Beines und verstärken dadurch die Dehnung.

Wo spüren Sie die Dehnung?
Gesäß

Abb. 4.9: Dehnung des birnenförmigen Muskels (M. piriformis)

Großer Gesäßmuskel (M. gluteus maximus)

Legen Sie sich auf den Rücken und strecken ein Bein aus. Greifen Sie das andere Bein am Kniegelenk und ziehen Sie es an den Rumpf.

Wo spüren Sie die Dehnung?
Gesäß

Abb. 4.10: Dehnung des großen Gesäßmuskels (M. gluteus maximus)

Vorderer Schienbeinmuskel (M. tibialis anterior)

Um den vorderen Schienbeinmuskel zu dehnen muss das Sprunggelenk stark gestreckt werden. Setzen Sie sich hierfür auf die Knie und senken das zwischen Knie und Fuß aufgestellte Sprunggelenk ab.

Wo spüren Sie die Dehnung?
Vorderseite des Schienbeines

Abb. 4.11: Dehnung des vorderen Schienbeinmuskels (M. tibialis anterior)

Lauftechnische Übungen

Lauftechnische Übungen

Neben dem Kraft- und Dehnungstraining bilden die lauftechnischen Übungen, gerne auch als Lauf-ABC bezeichnet, den letzten Grundstein für die technische Ausbildung des Läufers. Interessanterweise finden fast alle dieser Übungen auch im Training des Rückfußläufers auf dem Ballen des Fußes statt. Bei der Ausführung der später vorgestellten Übungen wird jeder Sportler sehr deutlich spüren, wie der Körper von ganz allein Sprung- und Stoßbelastungen mit Vorliebe auf dem Vorfuß ausfedert. Auch wird er für eine schnelle, anspruchsvolle und effiziente Laufbewegung selbstständig auf das Bewegungsmuster des Ballenlaufens wechseln.

Idealerweise barfuß

Das im Optimalfall barfuß durchgeführte Lauf-ABC und andere lauftechnische Übungen bilden somit die idealen Voraussetzungen, um als Läufer künftig auch in Schuhen und auf längeren Strecken das im Kraft- und Dehnungstraining erarbeitete Potenzial auf den anspruchsvollen Vorfußlauf anzuwenden.

INFO

Lauf-ABC

Das Lauf-ABC wird als Intervalltraining bei einer Streckenlänge von 30 bis 100 Metern durchgeführt. Jede Übung wird nach einer Pause von 10 bis 60 Sekunden 4- bis 10-mal wiederholt, bevor man das Lauf-ABC mit der nächsten Übung fortsetzt.

Idealerweise sollte man die folgenden Koordinationsübungen ohne Schuhe auf dem Rasen eines Sportplatzes oder am Strand ausführen. Man kann aber auch einen Waldweg oder im Winter die Sporthalle mit Schuhwerk benutzen. Vor jedem Lauf-ABC ist das Aufwärmen mit einem wenigstens zehnminütigen Dauerlauf angezeigt, da die Belastungen der einzelnen Übungen teilweise recht intensiv sind. So lässt sich Verletzungen und Überlastungen wirksam vorbeugen.

Techniktraining in Intervallform

Aufgrund der Intensität der Übungen müssen diese immer in der Form eines Intervalltrainings absolviert werden: Sie absolvieren eine Streckenlänge, die je nach Leistungsstand zwischen 30 und 100 Metern liegt, mit einer der später erklärten Übungen. Anschließend ist eine Pause von 10 bis 60 Sekunden erforderlich, um auch die folgenden Intervalle sorgfältig durchführen zu können. Es bietet sich an, 4 bis 10 Wiederholungen einer Übung zu machen, um diese danach zu wechseln und mit dem nächsten Technikinhalt die Trainingseinheit fortzusetzen.

Über den Stellenwert und die Positionierung der lauftechnischen Übungen im Aufbauplan zum Vorfußläufer lesen Sie in Kapitel 6 die notwendigen Hinweise, wo die Trainingsplanung ausführlich besprochen wird.

Es ist sehr wichtig, dass Sie gerade diese Übungen (sofern die Möglichkeiten dazu bestehen) immer barfuß ausführen. Das Zusammenspiel von Fuß- und Wadenmuskulatur wird nur dann optimal erreicht, wenn Sie den Fuß seiner künstlichen Hilfs- und Stützinstrumente berauben. Wer orthopädische Einlagen tragen muss (wir besprechen dies noch in Kapitel 7), der sollte, wenn er einmal nicht barfuß arbeiten kann (beispielsweise im Winter), wenigstens für kurze Zeit die Einlagen aus dem Schuhwerk entfernen, damit seine Fußmuskeln hin und wieder ausreichend gefordert werden.

Die Lauf-ABC-Übungen

Die Ausgangsstellung für alle Übungen ist eine aktive, aufgerichtete Position mit minimal gebeugten Knien, einer angespannten Rumpfmuskulatur und einer Verlagerung des Gewichts auf den Fußballen. Die Arme schwingen immer parallel zum Rumpf, bei einer Beugung im Ellenbogengelenk von ca. 90°.

Sprunggelenksarbeit

Der Fuß setzt mit dem Ballen auf, danach berührt die Ferse kurz und impulsiv den Boden, während das Knie gestreckt wird. Sofort wird wieder die Streckung des Fußgelenks, verbunden mit einer Beugung des Knies, eingeleitet. Der Fuß hebt sich nur geringfügig vom Boden ab. Eine Flugphase findet nicht statt. Die gut koordinierte Armbewegung parallel zum Rumpf hilft bei der Stabilisierung des Rumpfes durch die Bauch- und Rückenmuskulatur.

Warum ist diese Übung für den Vorfußläufer wichtig?

Die Kraft- und Koordinationsfähigkeiten der Wade werden gefördert.

Abb. 5.1: Sprunggelenksarbeit

Kniehebelauf (hohe Skippings)

Bei parallel schwingenden Armen werden beide Beine abwechselnd mit einem deutlich Kniehub angezogen. Es ist darauf zu achten, dass sich der Läufer nicht zurücklehnt um die Hüftbeugung zu erleichtern, sondern stets eine gerade Haltung des Oberkörpers beibehält. Auf eine gute Spannung der Rumpfmuskulatur ist zu achten.

Warum ist diese Übung für den Vorfußläufer wichtig? Der aktive Kniehub für einen raumgreifenden Schritt wird geschult.

Abb. 5.2: Kniehebelauf (hohe Skippings)

TIPP

So beugen Sie Verletzungen vor

Lauf-ABC-Übungen sind gerade für den Anfänger ein sehr intensives Training und sollten deshalb nur nach einem entsprechenden **Aufwärmprogramm** durchgeführt werden.

Anfersen

Beim Anfersen wird mit möglichst hoher Frequenz die Ferse an das Gesäß geführt. Die gleichzeitige Beugung im Knie- und Streckung im Hüftgelenk des jeweiligen Beines sollte nicht durch eine Vorneigung des Körpers vereinfacht werden. Vielmehr ist auch beim Anfersen auf eine gerade Haltung des Oberkörpers zu achten. Das angewinkelte Knie zeigt bei der Übung nach unten oder leicht nach hinten. Insbesondere die Bauchmuskulatur sollte kontinuierlich gegengespannt werden.

Abb. 5.3: Anfersen

Warum ist diese Übung für den Vorfußläufer wichtig?

Die Aktivität der hinteren Oberschenkelmuskulatur wird gefördert, was eine aktive Laufbewegung unterstützt.

Überkreuzen

In einem seitlichen Lauf wird bei Bewegungsrichtung nach links das rechte Bein abwechselnd vor oder hinter das linke Bein gesetzt. Die Arme werden vom Körper abgespreizt und helfen die Balance zu halten. Auf eine permanente Spannung des gesamten Rumpfes ist zu achten. Die Übung ist in zwei Laufrichtungen zu absolvieren.

Warum ist diese Übung für den Vorfußläufer wichtig?
Diese Übung fördert intensiv die Stabilität des Hüftbereiches.

Abb. 5.4: Überkreuzen

Rückwärtslaufen

Auf einer möglichst geraden, ebenen Strecke führt der Läufer die Intervalle in einer bloßen Rückwärtslaufbewegung durch, wobei er mit über die Schulter gedrehtem Kopf den Blick in die Laufrichtung wahrt.

Warum ist diese Übung für den Vorfußläufer wichtig?

Für viele Läufer ist diese Übung koordinativ überraschend anspruchsvoll. Sie wird auf dem Vorfuß ausgeführt und stellt somit einen Teil des Wadenaufbauprogramms dar.

Abb. 5.5: Rückwärtslaufen

Vertikale Sprünge (hohe Sprünge)

Parallel zu einer kräftigen Abdruckbewegung des einen Beines wird das gegenseitige Bein ähnlich dem Kniehebelauf angezogen. Der Arm auf der Seite des abstoßenden Beines schwingt dabei nach vorn und hilft die Bewegung zu stabilisieren. Während der kräftigen Abdruckbewegung, die sich neben dem Sprunggelenk auch auf Knie und Hüfte erstreckt, ist auf eine gute Spannung der Rumpfmuskulatur zu achten.

Warum ist diese Übung für den Vorfußläufer wichtig?
Die gesamte Streckerkette des Beines wir intensiv gekräftigt und fördert den kraftvollen Abdruck beim Laufen.

Abb. 5.6: Vertikale oder hohe Sprünge

INFO

Lauf-ABC barfuß

Zur Kräftigung der Fußmuskulatur sollten Übungen wann immer möglich barfuß ausgeführt werden!

Horizontale Sprünge (Schrittsprünge)

Bei dieser Übung stößt sich der Sportler sehr kräftig aus der Laufbewegung ab, versucht jedoch hierbei einen möglichst großen Sprung in der horizontalen Richtung zu vollziehen. Er weist hierfür in der Abdruckbewegung ein nahezu völlig gestrecktes Bein auf, was für den sehr langen Schritt notwendig ist. Die Arme schwingen bei der Übungsausführung kräftig mit, um die intensive Bewegung zu stabilisieren. Aufgrund der maximal hinausgezögerten Flugphase sollten die höheren Stoßbelastung auf einem weichen Untergrund (Rasen) abgefangen werden.

Warum ist diese Übung für den Vorfußläufer wichtig?
Diese Übung sorgt für einen langen raumgreifenden Schritt des Läufers und schult seine Koordination und Kraft.

Abb. 5.7: Horizontale Sprünge (Schrittsprünge)

Seitsprünge

Aus einer Seitwärtslaufbewegung, die auf der kräftigen Abdruckbewegung der Waden basiert, wird das hintere Bein an das bewegungsführende vordere Bein herangeführt. Diese hüpfende Bewegung muss in zwei Laufrichtungen ausgeführt werden und sollte ähnlich dem Überkreuzen mit abgespreizten Armen und gut angespannter Rumpfmuskulatur erfolgen.

Warum ist diese Übung für den Vorfußläufer wichtig?
Diese Übung wird zu einem guten Teil über die Wadenkraft ausgeführt und schult dort besonders Kraft und Koordination. Die Stabilität des Rumpfes wird ebenso verbessert.

Abb. 5.8: Seitsprünge

Übungen zur Kräftigung der Fußmuskulatur

Die Fähigkeiten des Fußes, einen Großteil der Fehlstellungen muskulär zu kompensieren und seine Gewölbe durch Muskelkraft zu fixieren, wurde bereits mehrfach erwähnt. Hierfür bedient man sich einerseits möglichst häufig des Barfußlaufens. Aber auch durch ein paar weitere Übungen kann man die fußgelenk- und gewölbesichernde Muskulatur direkt ansprechen. Diese leichten extensiven Übungen eignen sich ideal als Lückenfüller zwischen den teilweise intensiven Belastungen der Lauf-ABC-Übungen oder zum Ausklingen der Trainingseinheit.

Fußaußenkantenlauf

Beim Fußaußenkantenlauf wird bei leicht o-beiniger Laufhaltung auf der Außenkante des Fußes abgerollt. Wichtig ist das aktive Anheben der Fußinnenkante durch die gewölbesichernden Muskeln wie den hinteren Schienbeinmuskel (M. tibialis posterior) und den langen Großzehenbeuger (M. flexor hallucis longus). Die Übung fördert die Pronationskontrolle und die Längsgewölbesicherung.

Abb. 5.9: Fußaußenkantenlauf

Fußinnenkantenlauf

Der Fußinnenkantenlauf wird bei einer leichten X-Bein-Stellung durchgeführt, wobei durch die Wadenbeinmuskeln (Mm. peronei) die Außenkante des Fußes hochgezogen wird. Hierdurch wird die Supinationskontrolle des Fußes verbessert. Die Wadenbeinmuskeln sind übrigens die einzige Muskelgruppe des Unterschenkels, die den Fuß aktiv pronieren können! Außerdem wird die Quer- und Längsgewölbesicherung durch den Steigbügel (s. S. 95) bei regelmäßigem Training optimiert.

INFO

Fehlstellungen

Wer ein stärkeres X-Bein und/oder eine Überpronation hat, sollte den Fußinnenkantenlauf meiden. Der O-beinige Läufer und Supinierer sollte den Fußaußenkantenlauf aus seinem Programm streichen. Verstärken Sie Ihre Muskelungleichgewichte nicht weiter!

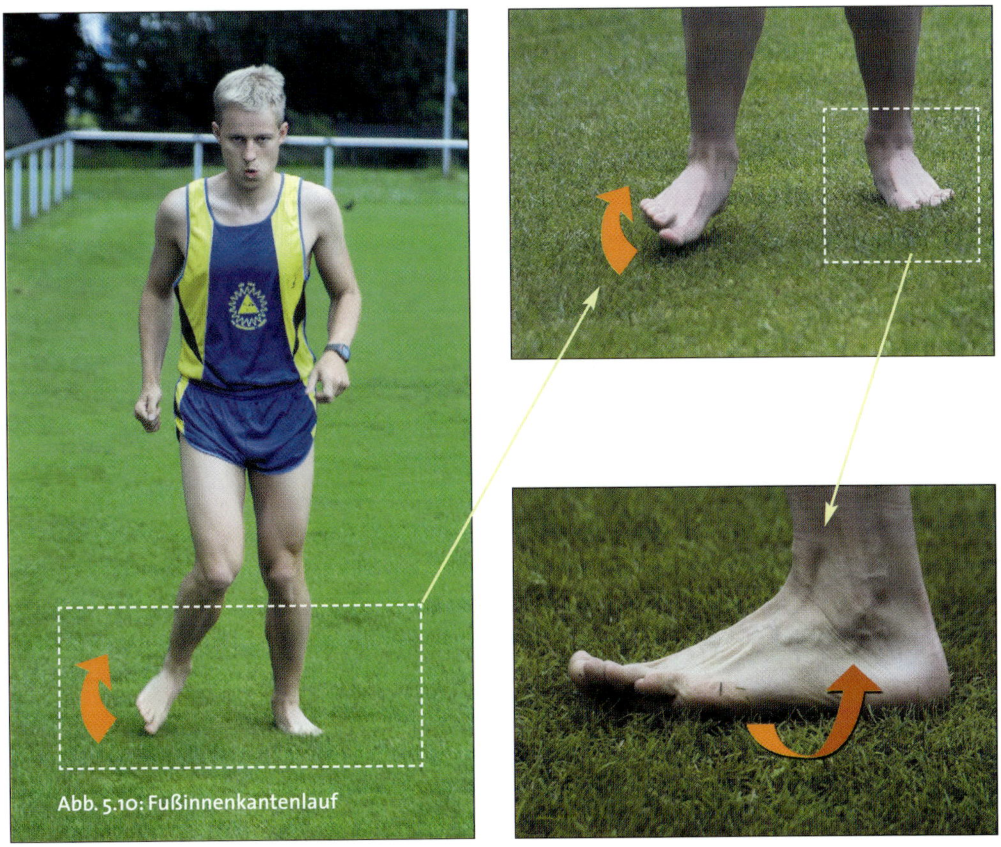

Abb. 5.10: Fußinnenkantenlauf

Hackenlauf

Durch den Hackenlauf wird ganz besonders der vordere Schienbeinmuskel (M. tibialis anterior), der auch an der Gewölbesicherung beteiligt ist, gefordert. Ferner ist die Übung zur Vermeidung muskulärer Dysbalancen gut geeignet, da im Training des Läufers sonst primär der Gegenspieler, also die Wadenmuskulatur, gekräftigt wird. Die Übung wird als kurzschrittiger Lauf auf dem Hackern mit angehobenem Vorfuß, bei dem der Fuß unter maximaler Anspannung der vorderen Schienbeinmuskulatur nicht abgerollt wird, durchgeführt.

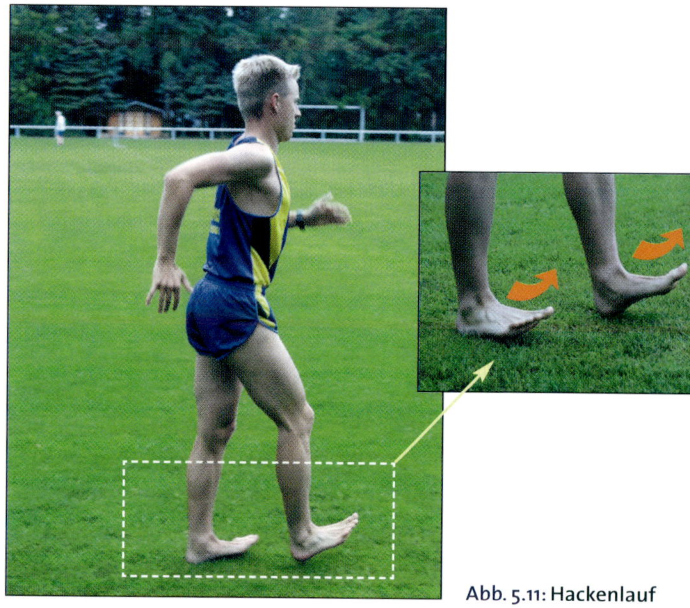

Abb. 5.11: Hackenlauf

Hoher Zehenspitzenlauf

Der hohe Zehenspitzenlauf wird unter maximaler Streckung im oberen Sprunggelenk durch die Wadenmuskeln (M. triceps surae) mit relativ kleinen Schritten durchgeführt. Neben einer Koordinationsschulung der Wadenmuskulatur (80 % der Supinationskraft wird durch die Wade generiert, s. Kapitel 1) fördert diese Übung die Aktivität der Muskulatur zur Gewölbeverspannung.

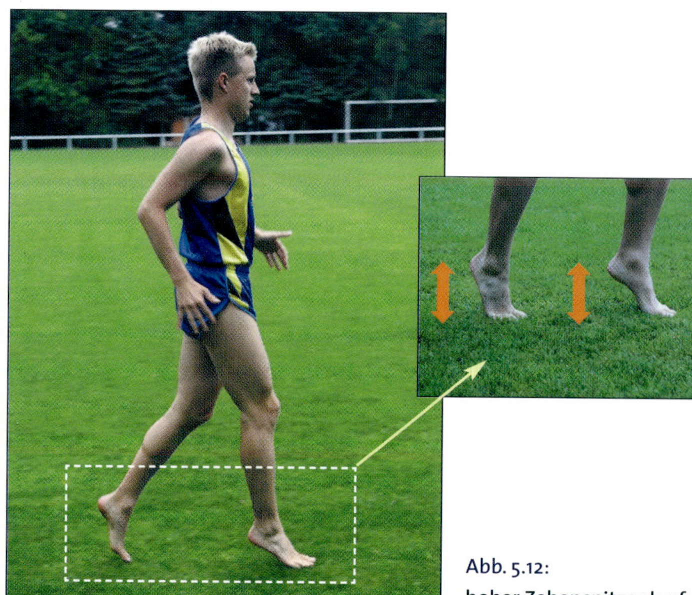

Abb. 5.12:
hoher Zehenspitzenlauf

INFO

Steigbügel des Fußes

Der Steigbügel des Fußes umschreibt eine Muskelschlinge, in der der Fuß des Menschen tatsächlich steht in wie in einer Steighilfe. Der lange Wadenbeinmuskel (M. peroneus longus) läuft vom Wadenbein um den äußeren Knöchel und Fußrand herum an die Unterseite der Fußsohle. Hier trifft er auf den vorderen Schienbeinmuskel (M. tibialis anterior), der von der vorderen Schienbeinkante aus um die Innenseite des Fußes schlägt, um ebenso in die Fußsohle einzustrahlen. In dieser ausgeklügelten Kombination können die Gewölbe des Fußes sowie die gesamte Statik ideal beeinflusst werden (Abb. 5.13).

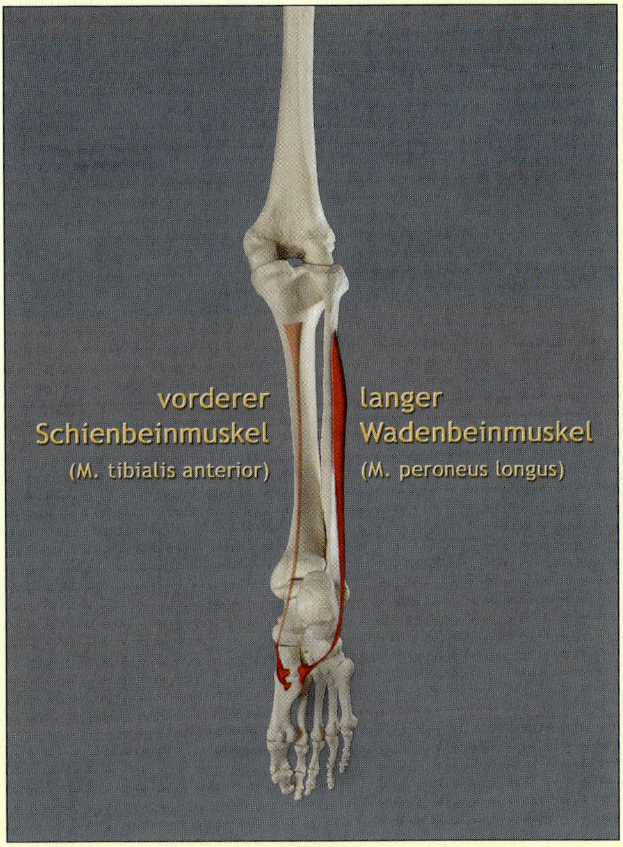

Abb. 5.13: Der lange Wadenbeinmuskel (M. peroneus longus) und der vordere Schienbeinmuskel (M. tibialis anterior) umgreifen den Fuß von außen und innen und strahlen in die Fußsohle ein. Sie helfen die Gewölbe zu sichern. Der Fuß steht in der Muskelschlinge wie in einem Steigbügel.

TECHNIK

Greifübungen – tja...

Sicherlich kann man das Training seiner Fußmuskulatur auch sehr gut mit Greifübungen für die Füße durchführen, jedoch ist dem Autor kaum ein Sportler bekannt, der dies längere Zeit absolviert hat. Mit dem oben aufgezeigten Training zur Aktivierung der Fußmuskulatur hat man ähnliche Effekte und kann dies ohne größere Motivationsprobleme in sein Training einbauen – schließlich handelt es sich immer noch um eine Laufbewegung, die den meisten Lesern dieses Buches mehr Freude vermitteln dürfte als das Greifen eines Stiftes oder Handtuchs mit dem Fuß.

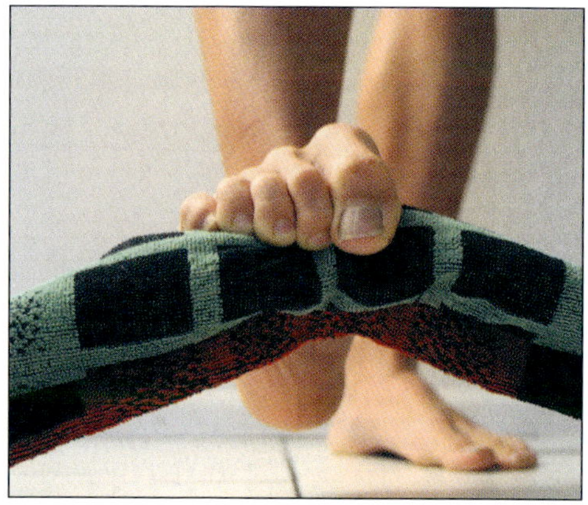

Abb. 5.14: Greifübungen sind wirksam, erfordern aber aufgrund ihrer Monotonie ein hohes Maß an Motivation.

Eine Trainingseinheit als Beispiel

Ein Lauf-ABC mit Übungen für die Fußmuskulatur auf dem Rasen eines Fußballfeldes könnte beispielsweise folgendermaßen aufgebaut sein:

10 Minuten	barfuß einlaufen auf dem Rasen
1 Querseite	Fußinnenkantenlauf
1 Querseite	Fußaußenkantenlauf
1 Querseite	hoher Zehenspitzenlauf
1 Querseite	Hackenlauf
4 Längsseiten	Skippings
4 Längsseiten	Anfersen
1 Querseite	Fußinnenkantenlauf
1 Querseite	Fußaußenkantenlauf
1 Querseite	hoher Zehenspitzenlauf
1 Querseite	Hackenlauf
4 Längsseiten	Überkreuzen
4 Längsseiten	Rückwärtslaufen
1 Querseite	Fußinnenkantenlauf
1 Querseite	Fußaußenkantenlauf
1 Querseite	hoher Zehenspitzenlauf
1 Querseite	Hackenlauf

Hauptlaufprogramm im Schuhwerk

10 Minuten	barfuß auslaufen

Die relativ intensiven Lauf-ABC-Übungen wechseln sich also mit extensiven Übungen zur Schulung der Fußmuskulatur ab – so schlägt man gleich zwei Fliegen mit einer Klappe.

Immer wieder: barfuß!

Alle bisher genannten Übungen fördern die Belastbarkeit des Vorfußes und die entsprechende Laufbewegung. Eine Reihe weiterer Übungen stellt den nächsten Schritt für die komplette Bewegung des Vorfußlaufens dar. Herausragende Bedeutung hat das Barfußlaufen auf natürlichem Untergrund. Absolvieren sie kurze Einheiten von 10 oder 20 Minuten auf Rasen oder am Strand. Oder laufen sie einmal über einen felsigen Untergrund: Nach kurzer Gewöhnung werden sie erstens wieder eine gewisse Schmerztoleranz für natürliche Beläge unter ihren Füßen entwickeln. Zweitens spüren Sie, wie optimal Ihr Fuß die Vorfußbewegung in einem solchen Terrain selbständig bewerkstelligt (über den Vorfußlaufstil als natürlichen Laufstil s. Kapitel 1).

Wenn man diese idealen Möglichkeiten beispielsweise im Winter nicht zur Verfügung hat oder ansonsten als Ergänzung dazu, kann man sich aber auch im Schuhwerk mit einigen Tricks den Sprung zum Vorfußläufer erleichtern.

Abb. 5.15: Auf Rasen, am Strand und selbst auf felsigem Untergrund: Kräftigen Sie Ihre Füße durch regelmäßiges Barfußlaufen!

TECHNIK

Steigerungs- und Hügelläufe

Machen Sie einige submaximale Steigerungsläufe. Sprinten Sie also nicht maximal, sondern laufen Sie einfach nur zunehmend zügig, ohne sich völlig zu verausgaben. Erleben Sie, wie Sie bei zügigem Tempo von ganz alleine die geschmeidige Bewegung des Vorfußlaufens erreichen. Mit zunehmender Schulung Ihrer Koordinations- und Kraftfähigkeiten wird Ihnen dies auch bald bei niedrigerem Tempo gelingen.

Die zweite Möglichkeit ist das Aufsuchen eines leichten Hügels. Laufen Sie diesen in mäßigem bis zügigem Tempo hinauf (Abb. 5.16). Auch hier werden Sie trotz Schuhwerks sehr schnell die Verlagerung der Belastung auf den Vorfuß spüren und die Effizienz der Technik schätzen lernen.

Abb. 5.16: Bei Hügelläufen stellt sich die geschmeidige Bewegung des Vorfußlaufens von selbst ein.

Im späteren Saisonverlauf ist für den ambitionierten Sportler das Training mit einem Widerstand zum Ziehen anzuraten. Absolvieren Sie beispielsweise Steigerungsläufe mit einem Autoreifen, den Sie mit einem Seil um ihre Hüften gebunden haben (Abb. 5.18). Auch hier wird sich rasch die Vorfußlaufbewegung einstellen und die Zugphase durch die aktivierte hintere Oberschenkelmuskulatur wird intensiv gefördert. Auch so manchem Langstreckler wird solch ein Training in einer der Vorbereitungsphasen sicher sehr nützlich sein.

Wer die grundlegenden Übungen und die Vorbereitung gut absolvieren konnte, wird allerdings zu Recht so bald wie möglich die Vorzüge seiner neuen Lauftechnik auch auf der Straße nutzen wollen. Nun, dies ist sicher der schwierigste Schritt. Was barfuß und bergauf sowie bei Steigerungsläufen ideal funktioniert, bedarf nämlich etwas Übung beim „normalen" Laufen im Laufschuh. Zunächst ist es extrem wichtig, dass Sie den richtigen Laufschuh tragen. Vorfußlaufen ist nicht mit jedem Schuh befriedigend zu erlernen und auszuführen. Lesen Sie bitte sorgfältig alle Informationen hierzu im Kapitel 7.

Mit kurzen Strecken starten

Um dann im richtigen Schuh zu starten ist es anfangs einfacher, kürzere Strecken mit etwas höherem Tempo zu laufen. Beispielsweise könnte man sich ein Intervallprogramm von 8 x 200 oder 400 m zum Ziel setzen (später dann auf 6-8 x 1000 m gesteigert), das zügig gelaufen wird. Man sollte nicht mit der Absicht beginnen, dies mit einer hohen Intensität zu tun wie sonst

INFO

Die ersten Schritte auf dem Vorfuß

Erste Schritte auf dem Vorfuß sollten am ehesten barfuß erfolgen, um auf natürlichem Untergrund die Bewegung von ganz alleine wieder aufzugreifen. Ergänzend sind Übungen wie Steigerungsläufe mit und ohne Widerstand oder leichte Hügelläufe ideal, um auch im Schuhwerk die Vorzüge des Vorfußlaufens zu spüren.

bei einem Intervalltraining üblich, sondern einzig und allein mit der Zielsetzung, technisch einwandfrei und zu diesem Zwecke zügig zu laufen.

Leider besteht nämlich für den Vorfußlauf-Anfänger zunächst die Neigung dabei ständig schneller zu werden, was längere Dauerläufe zunächst schwierig macht, da die metabolische Belastung (Herz-Kreislauf-System, Energiestoffwechsel) zu hoch wäre. Beim angesprochenen Intervalltraining, bei dem die Strecke kontinuierlich gesteigert wird, hat man (selbst wenn das Tempo etwas zu hoch wird) ausreichende Pausen, um danach erneut mit der richtigen Technik zu starten. Die Dauerläufe, die das Trainingsprogramm anfangs noch missen lässt, sollten nach ungefähr sechs Wochen wieder in den Trainingsalltag zurückkehren. Es wird dann ausreichen mit 10 bis 15 Minuten zu beginnen und dies wöchentlich um beispielsweise fünf Minuten zu steigern.

Das Minimalprogramm für Gesundheitssportler

Für den Gesundheitssportler, der geringere Ansprüche an die perfekte Bewegungsschule haben wird, werden viele der oben genannten Trainingsaufgaben kaum in Frage kommen. Aber auch für ihn sind einige der in den letzten Kapiteln besprochenen Aufgaben dringend ins Training zu integrieren, um die ersten Schritte auf dem Vorfuß erfolgreich zu absolvieren.

INFO

Training mit dem Zugreifen

Ein dünnes in den Bauch einschneidendes Seil kann beim Training zu Übelkeit führen. Nutzen Sie in einem solchen Falle einen breiteren Gürtel, um den Druck zu verteilen, oder legen Sie das Seil um die Hüfte.

Sichergestellt sein müssen in jedem Fall ein differenziertes Krafttraining von Schollenmuskel (M. soleus) und Zwillingswadenmuskel (M. gastrocnemius), regelmäßiges Barfußlaufen auf natürlichem Untergrund und Seilspringen sowie weitere Koordinationsübungen mit dem Kippelbrett oder dem Therapiekreisel (s. Kapitel 3).

Von einem schleichenden Übergang in die neue Technik, indem man beginnt, unkoordiniert auf dem Vorfuß zu tippeln, um kontinuierlich einen längeren Teil seiner Laufstrecke so zu bestreiten, birgt große Verletzungsrisiken und kann an dieser Stelle keinesfalls empfohlen werden! Das Laufen auf dem Vorfuß erfordert eine gewisse Vorbereitungszeit!

INFO

Erste Anwendung der Technik in Intervallen

Der Sportler sollte zum Erlernen der Technik zunächst ein Intervallprogramm wählen, um die Tendenz, beim Vorfußlaufen anfangs das Tempo zu steigern, mit entsprechenden Pausen zu kompensieren. Da es sich nicht um ein Intervalltraining zur Leistungssteigerung im eigentlichen (stoffwechselorientierten) Sinne handelt, ist die Pausenlänge frei nach dem subjektiven Empfinden zu gestalten. Dauerläufe auf dem Vorfuß sollten frühestens nach sechs Wochen wieder ins Trainingsprogramm aufgenommen werden.

Abb. 5.17: Das Zugreifentraining verbessert besonders die Krafteigenschaften der hinteren Oberschenkelmuskulatur und der Wade.

13
5

Trainings-planung für den Vorfußläufer

Trainingsplanung für den Vorfußläufer

Krafttraining, Koordinationstraining, Stretching und lauftechnische Übungen – Sie haben in den letzten Kapiteln die Basis zum erfolgreichen und verletzungsfreien Erlernen des Vorfußlaufens erarbeitet. Der eigentliche Trick liegt nun darin, alle Inhalte sinnvoll miteinander zu kombinieren um die gewünschte Eleganz im Laufen schnell und sicher zu entwickeln.

Voraussetzungen für den Erfolg

Für das gesteckte Ziel sind neben dem Know-how in den unterschiedlichen Trainingsinhalten zunächst gewisse Trainingsvoraussetzungen zu schaffen. Für das Krafttraining ist ein vernünftig ausgestatteter Kraftraum erforderlich beziehungsweise ein entsprechendes Fitnessstudio. Sollten Sie hierfür einem Club beitreten, achten Sie darauf, dass die entsprechenden Geräte vorhanden sind. Leider fehlt nur allzu häufig das Gerät zum Training des Schollenmuskels (über die Wichtigkeit des M. soleus für den Vorfußläufer s. Kapitel 3). Auch freie Hanteln sind zu Zeiten, in denen Kraftstudios im „Wellness"-Bereich ihr Geld verdienen und ihre Angebote darauf verlagern, nicht mehr selbstverständlich.

INFO

Strandläufe

Verfügt der Strand über sehr tiefen Sand, ist die Belastung beim Lauftraining vorsichtig zu steigern. Die Achillessehne wird in einem solchen Falle sehr gestresst. Besser ist es dichter am Wasser auf festerem Untergrund zu laufen. Ferner sollte man darauf achten, dass man an keinem zu schräg abfallenden Strand läuft, da das den Bewegungsapparat sehr ungleichmäßig belastet. Da eine minimale Schrägung immer vorhanden ist, empfiehlt es sich eine Hin- und Rückstrecke zu laufen, die wenigstens zeitlich versetzt für einen Ausgleich sorgt.

Abb. 6.1: Barfußlaufen am Strand ist gut für die Fußmuskulatur.

Das ideale Trainingsgelände

Als Trainingsstrecke sollte Ihnen im Idealfall ein Waldweg (Schotterweg) für die Dauerläufe zur Verfügung stehen sowie ein Sportplatz mit 400-Meter-Bahn, auf dem Sie neben Möglichkeiten zum Intervalltraining auch Gelegenheiten für die Barfußübungen auf dem Fußballrasen finden. Wer natürlich noch einen Strand in der Nähe hat und auf diesem ohne Schuhwerk laufen kann, sollte das unbedingt nutzen. Triathleten und ambitionierte Läufer sollten obendrein den Ort Ihres Frühjahrstrainingslagers so auswählen, dass Ihnen ein Sandstrand für das Lauf-ABC zur Verfügung steht.

Für entsprechende lauftechnische Übungen ist ferner ein nicht zu steiler, gut laufbarer Hügel nützlich, der nicht wirklich lang sein muss und somit auch in den flacheren Regionen unserer Republik zu entdecken sein dürfte.

Wer sich sinnvollerweise auf ein kontinuierliches Dehnungstraining einstellt, dem mag die Anschaffung einer Gymnastikmatte nahe gelegt werden, da etwas Komfort die Bereitschaft zu weniger geliebten Trainingsinhalten nachweislich fördert. Für die Koordination ist der Einsatz von Kippelbrettern und/oder einem Therapiekreisel notwendig, die man entweder selber bauen kann oder vorgefertigt bezieht.

INFO

Equipment für den Vorfußläufer

Sie finden im Internet unter **www.natuerlich-laufen.de** ein Angebot an speziell für diesen Einsatz entwickelten Materialien wie Kippelbretter, Therapiekreisel, Gymnastikmatten und Therapiebänder.

Ähnlich kostengünstig ist die Anschaffung eines alten Autoreifens, den man ohne weiteres aus den Altreifenbeständen eines Kfz-Betriebes bekommen wird oder aber von einem Landwirt, der diese zum Befestigen seiner Silage nutzt.

Jeder bestimmt seinen Aufwand selbst

Dies mag sich für denjenigen, der einfach nur seine Sonntagsrunde drehen will, viel zu kompliziert anhören – aber wie an einigen anderen Stellen in diesem Buch beschreiben wir auch hier den Standard für den Leistungssportler, von dem der Gesundheitssportler sich nur den absolut notwendigen Teil abzuschauen braucht. Er kommt allerdings an der Anschaffung des richtigen Schuhwerks genauso wie der Leistungssportler nicht vorbei. Zusätzlich sollte im Falle einer gravierenden Fußfehlstellung die Anpassung einer vorhandenen orthopädischen Einlage vorgenommen werden. Das Werkzeug des Rückfußläufers macht dem Vorfußläufer große Probleme (s. Kapitel 7)!

Der Weg zum persönlichen Trainingsplan

Wie stellt man sich seinen persönlichen Plan nun auf? Die Grundsätze der Trainingsplanung sehen vor, dass man den Trainingsumfang zum determinierten Ziel hin kontinuierlich steigert. Mit anderen Worten: Beginnen Sie zunächst mit wenig Umfang, damit dieser für die Anpassung des Organismus langsam aber sicher gesteigert werden kann. Auch für den erfahrenen

INFO

Checkliste vor dem Trainingsbeginn

- **Krafttrainingsmöglichkeiten** sicherstellen
- **400-Meter-Bahn mit Fußballrasen** ausfindig machen
- **Waldrunde** oder anderen natürlichen Belag abstecken
- gegebenfalls einen geeigneten **Hügel** auffinden
- **Gymnastikmatte** für Stretching anschaffen
- **Trainingslager** mit verfügbarer Strand- oder Rasenfläche aussuchen
- gegebenenfalls **Autoreifen** oder anderweitiges Zuggewicht beschaffen
- **Kippelbretter und Therapiekreisel** bauen oder beschaffen
- richtiges **Schuhwerk** auswählen
- evtl. **orthopädische Einlagen** anpassen

Sportler bietet sich die Möglichkeit an, für das Aufgreifen der neuen Inhalte in seinem Training einen deutlichen Schnitt zu machen. Das Auslüften der jahrelangen Trainingsroutine mag dem einen oder anderen auch eine Motivationshilfe sein.

Wenn sich nun aber ein ambitionierter Athlet zu diesem Schritt entschließt, der ihn für einen noch zu diskutierenden Zeitraum wieder zum Anfänger macht, so sollte er sich auch über den Zeitpunkt des Starts in die neue Technik intensiv Gedanken machen. Wir kommen später darauf zurück, wann dieser am günstigsten einzuplanen ist.

Ein weiterer Grundsatz Ihrer Planungen muss es sein, die Inhalte im Lern- und Trainingsprozess von allgemeinen zu speziellen Inhalten hin zu entwickeln. Der Neuling im Vorfußlaufen wird also erst die allgemeinen Kraftgrundlagen legen, sich parallel dazu den Koordinationsübungen zuwenden und erst später die eigentlichen Läufe im größeren Stil in das Programm aufnehmen.

Betrachten wir nochmals die verschiedenen Trainingsgebiete, denen Sie sich widmen sollten:

- Krafttraining an Geräten und mit freien Gewichten
- Stretching
- allgemeine Koordinationsübungen (Kippelbrett, Drehkreisel)
- spezielle Koordinationsübungen (Lauf-ABC, läuferische Übungen wie Hügellauf, Steigerungslauf)
- Intervalllauftraining
- Dauerlauftraining

Abb. 6.2: Eine "Zugmaschine" ist schnell gebaut: Ein Autoreifen und ein Seil sind alles, was Sie für ein sehr effektives Trainingsgerät benötigen.

TIPP

So beugen Sie Verletzungen vor

Auch der Gesundheitssportler, der mit wenig Aufwand die Technik des Vorfußlaufens erlernen will, muss dringend auf die **Notwendigkeit eines strukturierten Trainings** hingewiesen werden. Ein differenziertes Krafttraining der Waden, regelmäßiges Barfußlaufen auf natürlichem Untergrund sowie einige Übungen mit dem Sprungseil oder dem Therapiekreisel zur Verbesserung der Koordination sind Mindestanforderungen an die Verletzungsprophylaxe. Wer dies nicht leisten kann oder möchte, dem ist das Vorfußlaufen kaum zu empfehlen.

Die Jahresplanung des Vorfußläufers

Abb. 6.3 zeigt Ihnen, wie sich die jeweiligen Zeitaufwände in den unterschiedlichen Teilbereichen im Laufe der ersten Saison auf dem Vorfuß entwickeln sollten. Natürlich ist dies für den Leistungs-, Freizeit- und Gesundheitssportler unterschiedlich zu interpretieren. Um die folgende Diskussion einfacher zu gestalten wurde der Zeitaufwand für die Gesamtausbildung in drei Phasen eingeteilt.

Die Aufbauphase ist geprägt durch die grundlegenden Übungen, während in der Hauptlernphase die speziellen Koordinationsprogramme und der exakte Bewegungsablauf geschult werden sollen. Die Phase des Anschlusstrainings führt den Sportler zurück in das Training, aus dem er stammt, und ist geprägt durch die zurückkehrenden Dauerläufe im Trainingsprozess, die durch das Intervalltraining sorgfältig vorbereitet wurden. Die Aufbau- und Hauptlernphase dauern jeweils zwei bis drei Monate, während die Phase des Anschlusstrainings beim Gesundheitssportler dem zukünftigen Training entspricht. Der Leistungssportler wird in einem Zeitraum von einem bis sechs Monaten wieder an die alten Trainingsformen herangeführt.

Der individuelle Zeitplan

Die Dauer dieser Phasen schwankt aber sehr mit der athletischen Grundausbildung, dem Talent und auch den Zielen des Sportlers. Der Gesundheitssportler kann mit seinen bescheideneren Ansprüchen die Grundzüge des gelenkschonenden Laufens durchaus schneller erlernen als der Triathlet, der beschlossen hat, sein Tempo zu steigern, und nun eine vollständige lauf-

INFO

Dauer der Umstellung

Der ambitionierte Sportler sollte sich auf einen Umstellungszeitraum von sechs, in Einzelfällen auch drei oder bis zu zwölf, Monaten einstellen. Der Freizeitsportler wird ebenso nach etwa einem halben Jahr wieder ein gewohntes Lauftraining absolvieren können.

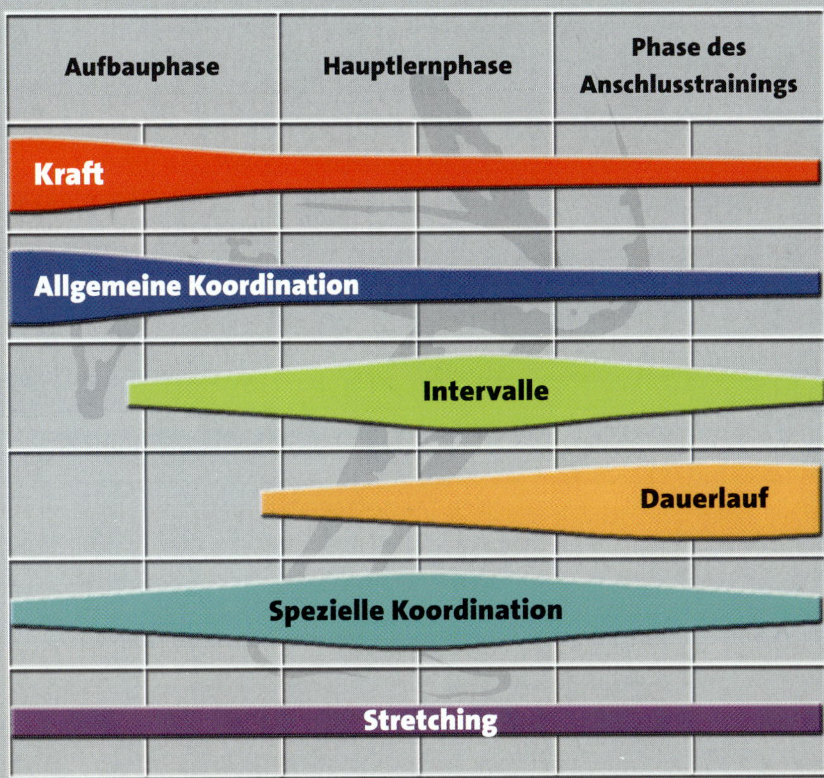

Abb. 6.3: Die Entwicklung der unterschiedlichen Trainingsinhalte in den drei Trainingsphasen.

technische Ausbildung nachholen will. Einige Erfahrungswerte gibt es dennoch. So hat sich für den zu kalkulierenden zeitlichen Rahmen eine Größe von ungefähr sechs Monaten bewährt, um den Athleten sicher an sein gewünschtes Ziel zu führen. Bewegungstalente und ehemalige Leichtathleten oder Sprinter werden dies in Einzelfällen auch in drei Monaten erreichen, wobei weniger gut veranlagte oder vorgebildete Sportler auch durchaus mit einem Jahr rechnen können, bis sie wieder völlig normal und frei laufen werden.

Der Gesundheitssportler, der naturgemäß weniger Aufwand bei seinen Vorübungen treiben wird, sollte sich ebenfalls ein Ziel von ungefähr einem halben Jahr setzen um mit der neuen Technik seine Laufrunden absolvieren zu können.

Zum Zeitpunkt des Trainingsbeginns

Wenn man solche Zeiträume zugrunde legt und sich neben dem anfänglichen Kraft- und Koordinationsschwerpunkt im Training vor Augen führt, dass das Barfußlaufen den Lernerfolg wesentlich erleichtert, dann ist für den Sportler in unseren Breitengraden sicherlich ein Start in die Vorfußtechnik mit einem Start in die Wintervorbereitung sinnvoll zu verbinden.

Wenn dann nämlich der gröbste Kraftaufbau und die anfängliche Koordinationsschule soweit geschafft sind, dass in der Hauptlernphase die läuferischen Elemente in den Vordergrund treten (und das ist nach ungefähr drei Monaten der Fall), dann ist es sinnvoll, wenn man auch einen guten Teil des Trainings wieder auf weichem natürlichen Untergrund und so früh wie irgend möglich auch wieder barfuß absolvieren kann. Beginnt man also im November oder Dezember mit der Aufbauarbeit, dann ist man rechtzeitig zum Frühjahr wieder sicher in den Laufschuhen unterwegs und kann, wenn es keine Probleme gibt, auch eine vorsichtige Saisonplanung anstreben.

Schauen wir uns nun die Phasen und Inhalte unterteilt nach Trainingsbereichen an:

1. Kraft und Koordination

Beginnen wir mit dem Krafttraining. Dieses belegt in den ersten drei Monaten den Löwenanteil der Trainingszeit. Auch mit den allgemeinen Koordinationsübungen wird zu Beginn der Vorfußläuferkarriere mehr Zeit verbracht als in der Zukunft: Das ist die zweite Säule in der Aufbauphase. Nun wird allerdings längst nicht soviel Zeit auf Kippelbrett und Drehkreisel verbracht wie im Kraftraum, dies variiert aber auch wieder von Leistungsklasse zu Leistungsklasse. Für die unterschiedlich Ambitionierten kann man im Krafttraining die in der Tabelle genannte Häufigkeit veranschlagen.

Allgemeine Koordinationsübungen sollten in einem Umfang von 10 bis 20 Minuten in das tägliche Leben eingebaut werden, ähnlich der Gewohnheit des Zähneputzens sollte man einige Minuten auf dem Kippelbrett zubringen. Dies ist ebenso gut während anderer Beschäftigungen möglich. Zum Beispiel kann der Athlet vor dem Fernseher auf dem Drehkreisel seine Unterschenkelmuskulatur einwandfrei schulen, ohne dabei zusätzliche Zeit für das Training zu opfern.

KRAFTTRAINING	Anfangstraining	Hauptlernphase	Anschlusstraining
Leistungssportler	3 x / Woche	2 x / Woche	Je nach Leistungsstand und Saisonphase
Freizeitsportler mit Lauferfahrung	1-2 x / Woche	1 x / Woche	1 x / Woche
Neueinsteiger/Gesundheitssportler	1 x / Woche	1 x / Woche	1 x / Woche
Ambitionierte Triathleten	3 x / Woche	2 x / Woche	Je nach Leistungsstand und Saisonphase

Abb. 6.4: Vom Rückfußläufer zum Vorfußläufer: Der Winter ist der ideale Zeitpunkt, mit der Umstellung zu beginnen.

2. Stretching

Das Stretching wird Ihnen auch an dieser Stelle erneut präsentiert, damit es nicht so ohne weiteres nach dem Lesen des Kapitels 4 in Vergessenheit gerät. Planen Sie wenigstens 10 bis 15 Minuten ein und führen sie diese zu Beginn und auch später im Anschlusstraining durch. Wenn Sie schon irgendwann die Muße zum Dehnen verlieren sollten, dann möglichst nach frühestens einem Jahr, wenn die gröbste Anpassungsverletzungsanfälligkeit gebannt ist.

INFO

Trainingsbeginn

Damit man rechtzeitig zum Frühjahr auf das Barfußlaufen im Training zurückgreifen kann, ist der Beginn des Vorfußlauftrainings mit der ungefähr drei Monate langen Aufbauphase günstig an das Jahresende zu legen!

STRETCHING	Anfangstraining	Hauptlernphase	Anschlusstraining
Leistungssportler	20-30 Min. tägl.	20-30 Min. tägl.	20-30 Min. tägl.
Freizeitsportler mit Lauferfahrung	10-15 Min. tägl.	10-15 Min. tägl.	10-15 Min. tägl.
Neueinsteiger/Gesundheitssportler	10-15 Min. tägl.	10-15 Min. tägl.	10-15 Min. tägl.
Ambitionierte Triathleten	20-30 Min. tägl.	20-30 Min. tägl.	20-30 Min. tägl.

3. Spezielle Koordinationsübungen

Die speziellen Übungen wie das Lauf-ABC, die Steigerungsläufe (auch als Barfußläufe auf natürlichem Untergrund!) schleichen so in das Training ein wie die allgemeinen Koordinationsübungen und das Krafttraining ausschleichen. Inwieweit diese später durchgeführt werden, hängt ganz entschieden von den Leistungsambitionen des Läufers ab. Der Gesundheitssportler kann sicher völlig darauf verzichten, wohingegen sie für höchste Wettkampfleistungen unentbehrlich sind.

SPEZIELLE KOORDINATION	Anfangstraining	Hauptlernphase	Anschlusstraining
Leistungssportler	1 x / Woche (60 Min.)	4 x / Woche	2-3 x / Woche
Freizeitsportler mit Lauferfahrung	1 x / Woche (30 Min.)	2 x / Woche	Unterschiedlich
Neueinsteiger/Gesundheitssportler	1 x / Woche (15 Min.)	2 x / Woche	–
Ambitionierte Triathleten	1 x / Woche (60 Min.)	3 x / Woche	1- 2 x / Woche

4. Intervallläufe

Wie Sie wissen, stellen die Intervallläufe ein ideales Einstiegsmittel in das Laufen mit Ihrer neuen Technik dar, da man zu Anfang noch keine allzu großen Strecken sauber auf dem Vorfuß bewältigen kann und außerdem die Tendenz hat permanent schneller zu werden. Für genau diesen Zeitraum der Lernphase ist diese Trainingsmethode also wichtig. Zu dem Zeitpunkt, wo die Kraft- und allgemeinen Koordinationsanteile im Trainingsplan weniger Zeit beanspruchen, wird diese Lücke durch die speziellen Koordinationsübungen und eben die Intervallläufe geschlossen. Die Belastung lässt sich hier über die Länge der Intervalle und deren Anzahl regulieren. Je nach Leistungsklasse wird auch diese Trainingsform im weiteren Trainingsverlauf ihren Platz behalten.

INTERVALLLÄUFE	Anfangstraining	Hauptlernphase	Anschlusstraining
Leistungssportler	1 x / Woche (100-400 m)	2-3 x / Woche (400-1.500 m)	je nach Leistungsstand und Saisonphase unterschiedlich
Freizeitsportler mit Lauferfahrung	–	1 x / Woche (100-400 m)	
Neueinsteiger/Gesundheitssportler	–	1 x / Woche (50-200 m)	–
Ambitionierte Triathleten	1 x / Woche (100-400 m)	2-3 x / Woche (400-1.000 m)	je nach Leistungsstand und Saisonphase

5. Dauerlauftraining

Das eigentliche Dauerlauftraining kommt zuletzt in den Trainingsprozess zurück und wird – nachdem die Grundlagen im Kraft- und allgemeinen Koordinationstraining gelegt sind – vorsichtig wieder integriert. Anfangs sind hier 10 Minuten sicher ausreichend. Diese sollten, weil hier die Verletzungsgefahr am größten ist, auch vom Leistungssportler nur in Fünf-Minuten-Schritten pro Woche gesteigert werden. Wer nach einigen Monaten wieder beschwerdefrei bei einer Stunde angelangt ist, kann sich wieder seinem regulären Trainingsprozess widmen. Der Gesundheitssportler wird seinen Vorstellungen entsprechend bei der gewünschte Streckenlänge mit der Steigerung des Umfanges aussetzen.

DAUERLÄUFE	Anfangstraining	Hauptlernphase	Anschlusstraining
Leistungssportler	–	1-2 x / Woche	je nach Leistungsstand und Saisonphase
Freizeitsportler mit Lauferfahrung	–	1 x / Woche	unterschiedlich
Neueinsteiger/Gesundheitssportler	–	1 x / Woche	unterschiedlich
Ambitionierte Triathleten	–	1-2 x / Woche	je nach Leistungsstand und Saisonphase

Vertrauen Sie auf Ihr Gefühl

Es ist hier natürlich nicht möglich, jeden Sportler dort aufzugreifen, wo er persönlich gerade steht. Deshalb sollten diese Strukturpläne, die bewusst nicht genau ins Detail gehen, nur als Orientierung dafür dienen, wie man es machen *kann*. Sie haben in den Kapiteln zuvor gelernt, worauf es bei ihrem Aufbauprogramm ankommt, und haben eine reiche Auswahl an Übungen zur Verfügung, die Sie auch nach Ihrem persönlichen Gusto kombinieren sollen. Lassen Sie sich nicht in ein Schema pressen, aber denken Sie in den ersten Wochen und Monaten an die Grundpfeiler für ein verletzungsfreies Laufen auf dem Vorfuß: Kraft, Koordination, Beweglichkeit und Barfußlaufen!

Die ersten Wettkämpfe auf dem Vorfuß

Die Wettkämpfer, die darauf gieren, ihr Neuerlerntes im Wettkampf anzuwenden, sollten sich jedoch zunächst – wiedereinmal – gedulden. Den ersten Wettkampf sollten Sie frühestens dann einplanen, wenn Sie einen Dauerlauf von 30 Minuten wieder problemlos bewältigen können. Und dann bitte zunächst auf kürzesten Distanzen!

Der Marathoni mag sich zwar an der Startlinie eines 3000-Meter-Laufes deplaziert vorkommen, für die Schulung seiner noch jungen Technik ist dies aber ideal. Im weiteren Verlauf sollte man die Wettkampfstrecke über fünf und zehn Kilometer erst langsam wieder der Halbmarathonstrecke annähren. Um wirklich sicher zu sein, dass sich alle Anpassungsprozesse am anfälligen Skelettsystem gut vollzogen haben, sollte man einen Marathon erst nach einem Jahr Vorfußtraining wieder anstreben, auch wenn dieser freilich ab Kilometer 30 verstärkt auf dem Mittelfuß und mit Bodenkontakt der Ferse absolviert wird. Die bessere Bewegungskontrolle bleibt Ihnen aber zu einem großen Teil auch dann noch erhalten!

Ein ganzer Triathlon auf dem Vorfuß

Der Triathlet sollte sich ähnlich verhalten und nicht etwa versuchen den ersten Wettkampf in Form einer Mitteldistanz mit 21 Kilometern Laufen auf dem Vorfuß zu absolvieren. Testen Sie die neue Technik zunächst bei kurzen Laufwettkämpfen in der Vorbereitung und wenden Sie das Gelernte erst später im Triathlon an.

Schuhe
für Vorfußläufer

Schuhe für Vorfußläufer

Abb. 7.1: Der moderne Sportschuh besteht aus dem Schaftmaterial, das dem Fuß Halt gibt und ihn führt. Die Zwischensohle erfüllt Dämpfungs- und Stützeigenschaften. Zusammen mit der abriebfesten Außensohle schützt sie den Fuß von unten.

Die Besprechung des Schuhwerks ist zweifelsohne eines der wichtigsten Kapitel dieses Buches – aus mehreren Gründen: Erstens muss der Schuh für den Vorfußläufer andere Voraussetzungen erfüllen als der für den Rückfußläufer, was lange noch nicht in alle Verkaufsstellen dieses Landes durchgedrungen ist. Außerdem kann man mit den dramatisch zunehmenden Fehlversorgungen im Schuhbereich dem Läufer allerlei Probleme bescheren, obgleich diese durch das aufwändige Material eigentlich hätten gelöst werden sollen.

Es ist wahrlich nicht alles Gold was glänzt und dem Läufer, gerade dem Anfänger, muss immer wieder deutlich gemacht werden, dass es eben auch heute noch „falsches" Schuhwerk für einen Läufer gibt. Keineswegs kann durch den hohen Entwicklungsstand der Schuhe bei der Auswahl heute nichts mehr verkehrt gemacht werden. Im Gegenteil.

Eine Bestandsaufnahme

Beginnen wir mit dem, was die Schuhindustrie heute für uns bereit hält. Der Schuh besteht aus einer Außensohle, der Zwischensohle und dem Schaftmaterial (Abb. 7.1). Alle drei Ebenen sind für die Eigenschaften des Schuhs mitbestimmend.

Die Dämpfung im Sportschuh

Ziel der Bemühungen von Schuhkonstrukteuren ist es, den Läufern mit vielen Tricks von den Unannehmlichkeiten unseres zivilisierten Laufens zu befreien.

INFO

Materialien EVA und PU

Ethylen-Vinyl-Acetat (EVA) hat den früher häufiger verwendeten Werkstoff für Zwischensohlen, das Polyurethan (PU), weitestgehend verdrängt. Es ist als 30 % leichterer Werkstoff mit einzelnen geschlossenen Zellen gegen äußere Verletzungen des Materials unempfindlich. Die Eigenschaften des PUs hingegen können sich bei Verletzungen der äußeren PU-Ummantelung verändern. Die offenen Poren der Zwischensohle können sich in einem solchen Falle mit Wasser vollsaugen und würden ihre Dämpfungseigenschaften verlieren. Ein weiterer Punkt, der das PU weitestgehend aus dem modernen Sportschuhbau verdrängt haben dürfte, ist die Tatsache, dass es mit zunehmenden Alter des Schuhs vergilbt.

Unannehmlichkeiten, die sich durch moderne Bodenbeläge wie Asphalt und Beton ergeben – und eben auch durch ein fersenlastiges Abrollverhalten. Um die modernen Unbilden des Laufens also zu entschärfen, wurde das ohnehin schon federnde Zwischensohlenmaterial vor vielen Jahren zunächst im Rückfuß unter der Ferse um Dämpfungssysteme ergänzt. Seitdem verrichten zusätzlich zum Zwischensohlengrundmaterial EVA-Kammern aus Luft, Gel und anderen speziellen Kunststoffen oder viskösen Materialien weitere Dämpfungsarbeit (Abb. 7.2).

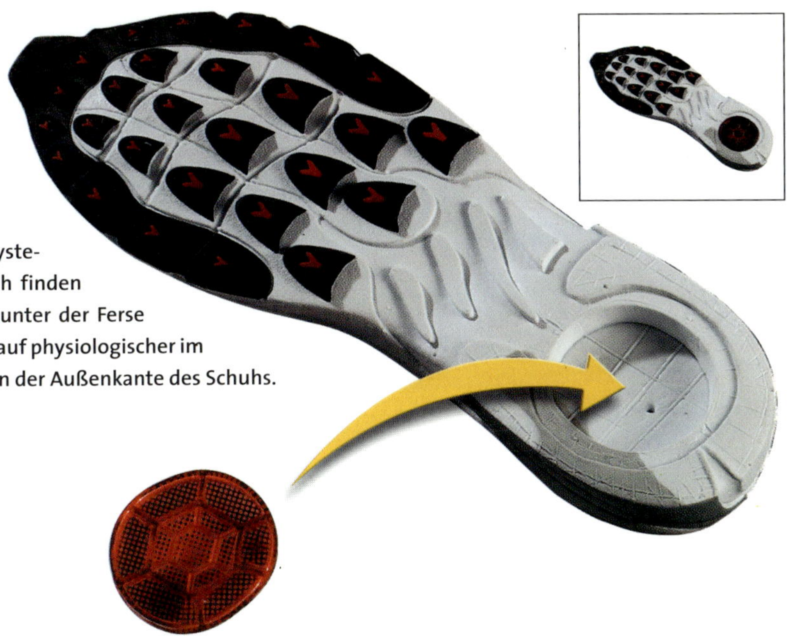

Abb. 7.2: Dämpfungssysteme im Rückfußbereich finden sich entweder direkt unter der Ferse oder für den Rückfußlauf physiologischer im Aufsatzbereich, also an der Außenkante des Schuhs.

Schützt Dämpfung wirklich vor Verletzungen?

Dämpfung war also die erste große und revolutionäre Welle des modernen Sportschuhbaus. „Cushioning" (engl. für Dämpfung) hieß die Lösung, um den Gelenkproblemen und Verletzungen der Läuferschaft beizukommen. Nun, die Schuhe wurden immer weicher – aber die Verletzungen blieben. Ob die Milchmädchenrechnung, dass bei weicherem Schuhwerk die Verschleißprozesse an Knorpelflächen geringer würden, aufging, ist ebenso umstritten. Eventuell könnten sich solche Verschleißprozesse durch weiche Dämpfungssysteme und den sich daraus ergebenden Problemen wie der mangelnden Stabilität der Beinachse und der mangelnden Eigenwahrnehmung (Propriozeption) des Bewegungsapparates eher verschlimmern.

Die Datenlage der Forscher hierzu ist undurchsichtig und starken Wechseln der führenden Meinungen unterworfen. Jedenfalls konnte auch im Tierversuch, bei auf Beton laufenden Schafen, dieser vermeintliche Zusammenhang zwischen mangelnder Dämpfung und Gelenkverschleiß nicht bestätigt werden. Die Gründe, warum sie trotzdem eher natürliche Beläge zum Laufen vorziehen sollten, sind aus den ersten Kapiteln dieses Buches klar ersichtlich. Andererseits muss man aber schließen, dass Ihnen ein Lauf auf Asphalt bei guter Technik kaum schaden wird. Ferner kann der Verdacht, dass uns die Dämpfungssysteme nicht im gewünschten Maße vor ernst zu nehmenden degenerativen Prozessen schützen, bisher nicht ausgeschlossen werden.

Das Geheimnis der Propriozeption

Neben dem fraglichen Erfolg in der Vorbeugung von Verschleißprozessen ist der eigentliche Hauptgrund für diese Kritik an übermäßigen Dämpfungssystemen jedoch die bereits angedeutete verminderte Eigenwahrnehmung. Erfreulicherweise haben einige Wissenschaftler begonnen sich kritisch mit dieser Problematik auseinander zu setzen. Wenn auch die Meinungen in diesen Bereichen weiterhin differieren, so verdeutlicht trotzdem ein Beispiel aus diesen Arbeiten hervorragend unser Dilemma.

Es konnte festgestellt werden, dass Basketballspieler, die bekanntlich oft unter Supinationstraumata („Umknicken") leiden, ein wesentlich vergrößertes Risiko für diese Verletzung haben, wenn sie sehr voluminöse Dämpfungssysteme unter dem Fuß tragen (Abb. 7.3). Wie kann das sein?

Dämpfung lähmt die Eigenwahrnehmung

Die Eigenwahrnehmung des Körpers über seine Gelenkstellungen und Muskelaktivitäten, also eben jene „Propriozeption", hängt natürlich maßgeblich vom „Input" über die Sensoren unserer Haut und unseres Bewegungsapparates (Mechanorezeptoren) ab. Erhält der Körper nur wenige oder verwaschene Informationen über seine Bewegungsausführung, weil einige Zentimeter Luftpolster und EVA seine Fußsohle vom Boden trennen, dann kann er auf Extremsituationen, wie sie beim Basketballspieler entstehen, nicht mehr adäquat reagieren.

Dies hat auch für den Läufer Relevanz. Wer spürt denn bei so dicken, weichen Sohlen, wie wir sie heute tragen, noch den Untergrund und kann dem Körper so die Möglichkeit des Feintunings von Bewegungsabläufen offen halten? Kaum jemand. Sie wissen unter Umständen nicht, was ich meine? Glauben Sie mir, Sie werden es verstehen, wenn Sie einige Wochen regelmäßig barfuß gelaufen sind und gespürt haben, wie perfekt Ihr biomechanisches Uhrwerk aufgrund der neuen Inputleistung der Fußsohle arbeitet, und dann wieder in die Schuhe steigen. Auf den ersten Metern werden Sie sich regelmäßig fragen, wie man mit so wenig Gespür überhaupt richtig laufen soll!

Abb. 7.3: **Mangelnde Eigenwahrnehmung durch zu starke Dämpfung kann zum Umknicken bei Spielsportarten und beim Laufen auf unebenem Untergrund führen.**

Weniger ist manchmal mehr...

Die Forderung einiger Wissenschaftler und vieler Physiotherapeuten lautet daher: Gebt dem Fuß endlich wieder eine Möglichkeit zu *spüren*, wie er läuft. So kann er mit seinen eigenen, ungeheuer effektiven Mitteln eventuelle Fehler im Bewegungsablauf kompensieren.

Die Gretchenfrage

Aber was bemerkt schon der Verbraucher von diesen Erkenntnissen? Nichts. Frage Nummer eins des Laufanfängers, der ein Schuhgeschäft betritt, ist die nach einem gut gedämpften Schuh, der seine Gelenke schont. Verkäufer und der Hersteller, die solche Ideen vermarktet haben, wären zum Konkurs verdammt, würden sie nun auf einmal Schuhe mit weniger Dämpfung anbieten...

Aber auch wenn es den Gelenken wahrscheinlich nicht direkt schadet, so ist Laufen fernab der natürlichen Wege auf Asphalt und Beton unbestrittenerweise sehr unkomfortabel. Das ist sicherlich zu bedenken. Eine gewisse Schutzfunktion des Schuhs für den Fuß ist deshalb auch erstrebenswert und sinnvoll. Es gilt lediglich zu überdenken, ob sie in ausreichendem Maße nicht schon durch die gängigen Härten des EVAs auch mit weniger Luft, Gel und Co. erreicht würde – zugunsten einer besseren Erkennung des Untergrundes durch die empfindlichen Sensoren des Körpers und eines dadurch bedingt natürlicheren Laufverhaltens.

Nach der Dämpfung die Pronationsstütze

Wie Sie nämlich bereits im ersten Kapitel erkannt haben, brachte diese Neuerung im Sportschuhbau beim Läufer auch erst die forcierte Rückfußbelastung hervor, mit der oft auch eine verringerte muskuläre Bewegungskorrektur einhergeht (s. Kapitel 1). Deshalb nahm sich die Schuhindustrie auch des Problems der unzureichenden Bewegungskontrolle an. Nachdem den Verletzungen auch durch butterweiche Schuhe nicht beizukommen war, musste der Schuh fortan nicht mehr nur dämpfen: Er musste ab diesem Tage dämpfen und stützen.

Man bediente sich hierfür eines härteren EVA-Materials, welches man an der Innenseite (oder medial, wie der Arzt und neuerdings auch der Schuhverkäufer sagt) in den hinteren Bereich der Sohle integrierte. Der Fuß kann nicht mehr nach innen ausweichen und die Überpronation, die tatsächlich mit einigen Verletzungen in Zusammenhang stehen *kann*, wird eingeschränkt.

Schützen Pronationsstützen vor Verletzungen?

Ganz ähnlich wie die Dämpfungssysteme wurde auch das Stützsystem als Lösung der Verletzungsflut, ausgelöst durch den Laufsport, gesehen. Die starke Überbeweglichkeit zieht die Mechanik nicht nur von Fuß und Sprunggelenk, sondern auch der Knie und der gesamten Beinachse, in Mitleidenschaft. Wird diese korrigiert, so kann man sicher in manchen Fällen Probleme lösen. Für solcherlei problembehaftete Rückfußläufer ist die Pronationsstütze folglich eine sehr sinnvolle Errungenschaft!

Aber – Sie ahnen es bereits – auch hiermit konnte die Zahl der Verletzungen durch den Laufsport noch lange nicht auf ein wirklich erträgliches Maß reduziert werden. Noch immer pflastern Schienbeinkantensyndrome, Achillessehnenentzündungen und Sehnenansatzreizungen den Weg des Marathonläufers. Wie kann das sein?

Die Gesetze des Marktes

Leider wurde die Pronationsstütze, die den Läufern mit einer solchen Überbeweglichkeit zweifelsohne hilft, genauso instrumentalisiert und vermarktet wie zuvor die Dämpfungssysteme. Der gut verkäufliche „Verletzungsschutz" wurde langsam aber sicher zur Pauschalempfehlung, obgleich er eigentlich nur bei Läufern mit Fehlstellungsproblematik angezeigt ist. Der „Antipronationsfeldzug" der Schuhindustrie nahm seinen Lauf.

Besonders kniffelig war und ist es in dieser Angelegenheit für den Laien – und der verkauft, von einigen Spezialistengeschäften einmal abgesehen, in unserem Land die Schuhe – eine physiologische Pronationsbewegung (s. Kapitel 1), die der Körper braucht, von der krankhaften zu unterscheiden. Jede leiseste Tendenz des unteren Sprunggelenkes, nach innen nachzugeben um den Fuß vernünftig abrollen zu lassen, wurde mit gigantischen Stützen erstickt, die ohne Umschweife am ehesten die Beschreibung „orthopädisches Hilfsmittel" verdient hätten. Beraubt man aber den Läufer dieser Beweglichkeit, kommt er in viel größere Probleme als durch eine (so denn überhaupt vorhandene) leichte Überpronation.

Die Spirale drehte sich so weit, dass wir heute in den Schuhregalen 80 Prozent der Schuhe mit den entsprechenden Stützsystemen auffinden und die neutralen Schuhe ohne Pronationsstütze mit der Lupe suchen müssen.

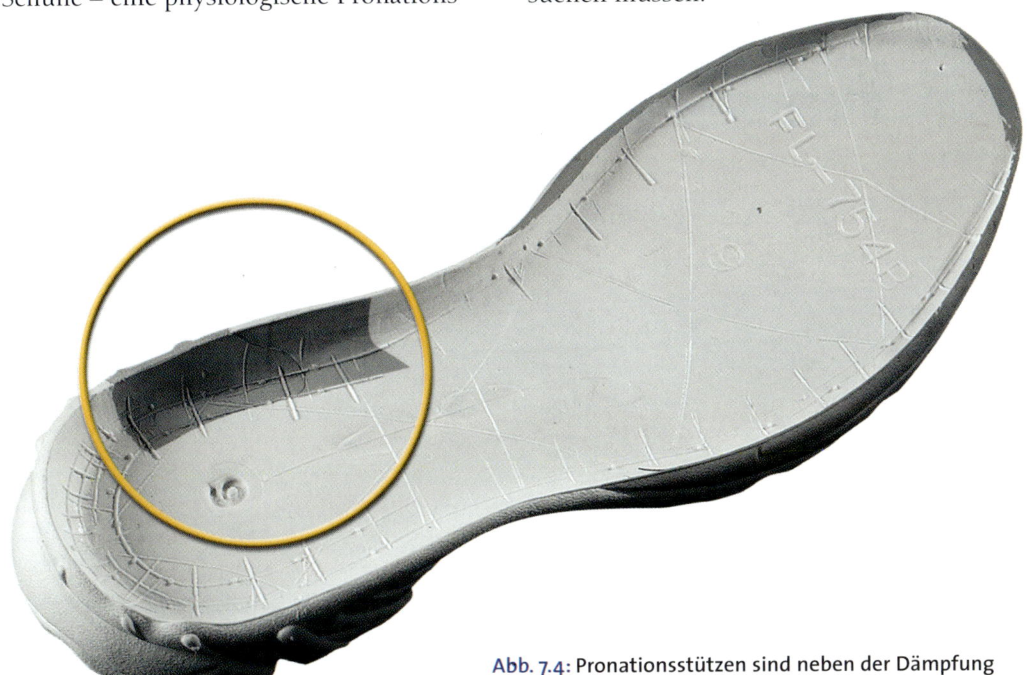

Abb. 7.4: Pronationsstützen sind neben der Dämpfung das Haupt-Marketingargument der Laufschuhindustrie

SCHUHE

Abb. 7.5: Supinationsproblematiken treten oft bei o-beinigen Läufern auf.

Das Marketing, welches die Pronationsstütze als Verletzungsprophylaxe anpreist, ist nicht ganz unschuldig daran und es wird nach wie vor viel zu wenig differenziert zwischen normalem Abrollverhalten und problematischer, eine Versorgung erzwingender Fehlstellung. Fast jeder ist heute gezwungenermaßen mit der Pronationsstütze im Laufschuh unterwegs. Ob dies bei der Mehrheit der Läufer in unserer Republik notwendig ist, bleibt mehr als fraglich. Schließlich beobachtet man bei den Läufern häufiger Überkorrekturen denn je...

Das missbrauchte Allheilmittel

Typische Verletzungen sind übrigens nach wie vor das mediale Schienbeinkantensyndrom und die Achillessehnenentzündung. Die Diagnose und Therapie machen sich viele der selbst ernannten Experten einfach: Eine Pronationsstütze muss her! Wie oft diese Verletzungen durch Überkorrekturen, also durch künstlich erzeugte Supinationstendenzen, verursacht werden (s. S. 30), kann nur vermutet werden.

Ganz aus dem Raster der jetzigen Entwicklungslage fallen jene Leute, die eine tatsächliche Supinationsproblematik aufweisen (also eine solche, die nicht erst durch gestütztes Schuhwerk erzeugt wurde). Schuhe für dieses Klientel existieren fast gar nicht mehr, allenfalls die spärlichen Neutralschuhe können für sie noch genutzt werden. Nun, es gibt zu wenige solcher Athleten, heißt es bei den Laufschuhherstellern, obwohl der Anteil dieser Läufer sicherlich 5 % beträgt.

Vorsicht bei O-Beinen!

Gerne wird auch Folgendes vergessen: Was ist zum Beispiel mit o-beinigen Läufern, die als Kompensation für diese Achsfehlstellung ihres Beines eine Überpronation des Fußes aufweisen *müssen*, um vernünftig abrollen zu können? Diese Läufer haben eine Supinationsproblematik, wenngleich

INFO

Fußfehlstellungen und Beinachse

Die Stellung des Fußes und der Beinachse dürfen niemals unabhängig voneinander betrachtet werden. In einigen Fällen kompensiert der Fuß mit bestimmten Fehlstellungen auch die Abweichungen der Beinachse, wobei undifferenzierte Korrekturen unter Umständen negative Auswirkungen haben können.

INFO

Pronationsstütze

Abb. 7.6: Pronationsstützen erkennen Sie in den meisten Fällen an dem dunkelgrau eingefärbten härteren EVA.

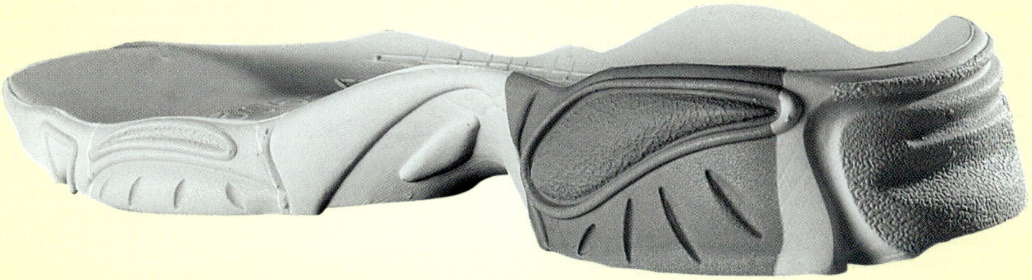

Die Pronation ist eine wichtige physiologische Bewegung und bedarf im Normalfall keiner Korrektur. Auch eine leichte Überpronation schadet den wenigsten Läufern. Der Körper hat hierfür gute Kompensationsmechanismen. Findet keine Pronation statt oder gar eine durch zu starke Stützen induzierte Supination, dann führt dies sehr oft zu großen Problemen!

ihr Sprunggelenk eine „sekundäre" Fehlstellung im Sinne einer Knickbewegung nach innen aufweist. Nach dem wohlbekannten Algorithmus „Knickfuß gleich Pronationsstütze" werden diese Sportler nur zu oft mit einem solchen Hilfsmittel versorgt, welches ihre Problematik massiv verschlimmert. Denn durch eine solche Stütze werden sie nun völlig in die Supination gehebelt. Vielmals hat diese forcierte Supination dann die Achillessehnenentzündung verursacht und eben nicht die „gefährliche" Überpronation.

Diese Beispiele sollen Sie dazu anregen, sorgfältig darauf zu achten, wie viel Stützbedarf Ihr Schuh bieten muss, wenn Sie ihn als Rückfußläufer nutzen. Eine Pronationsbewegung schadet niemandem, sie ist sogar physiologisch. Keine Pronation oder gar eine Supination führt hingegen sehr häufig zu Problemen!

Die Viel-hilft-viel-Mentalität hat also vor der Pronationsstütze der Laufschuhe keinen Halt gemacht. Während wir bisher nur das Ausmaß dieser Stützsysteme kritisch beleuchtet haben, zwingt uns das Angebot einiger Schuhhersteller jedoch auch noch den Wirkort dieser medialen Verhärtung zu thematisieren. Die Bewegung des unteren Sprunggelenks zu korrigieren ist – wie gesagt – eine sinnvolle Intervention, wenn eine deutliche Überbeweglichkeit besteht. Im Rückfuß- oder Mittelfußbereich brauchen kranke Füße diese Hilfe.

Fatal: die durchgehende Pronatiosstütze

Nun, was sich aber gut verkauft, kann man dann sehr leicht auch auf die komplette Innenseite eines Schuhes anwenden – und so kamen wir zu der unsäglichen Erfindung einer Pronationsstütze, die von der Ferse bis unter die Spitze der Großzehe reicht. Schon im ersten Kapitel wurde mehrfach betont, wie wichtig die Abstoßbewegung über die Großzehe ist. Jegliches Verkippen zu den Kleinzehen führt oftmals zu ungeheuerlichen Problemen. Die Rechtfertigung dieser abenteuerlichen Konstruktion sehen die Hersteller, sofern sie sich überhaupt die Mühe für eine Erklärung machen, in der durch das physiologische Abrollverhalten bedingten Mehrbelastung des Großzehenstrahls.

Angebot und Bedarf driften auseinander

Aber muss man diesem natürlichen Verhalten denn gleich mit einer Stütze entgegenwirken? Um Gottes willen nicht, denn das wird die Allermeisten zu einem Abrollverhalten über die kleinen Zehen drängen – Gift für jeden Läufer! Die Gruppe von Sportlern, die die Pronationsstütze im Vorfuß benötigen könnte, ist marginal. Die Existenz entsprechenden Schuhwerks verwundert deshalb. Schließlich dürfte die Gruppe deutlich kleiner sein als die der vielen Tausend Supinierer, die ein nachgewiesenes Problem mit dem extrem eingeschränkten Schuhangebot haben. Unverständlicherweise werden diese aber ignoriert – ein schönes Beispiel für die Auswirkungen des Marketings auf die Schuhentwicklungen!

Darum tut die Achillessehne weh!

Aber auch wenn man ihn gar nicht vermutet, sorgt dieser gerade geschilderte Mechanismus gerne für die Unterstützung von fehlerhaftem Abrollverhalten im Vorfuß mit den charakteristischen Beschwerden wie dem medialen Schienbeinkantensyndrom oder der Achillodynie (Achillesehnenentzündung). Das Material der Außensohle wird immer häufiger innen aus hartem Carbongummi gefertigt und im äußeren Vorfußbereich aus geschäumtem weicheren Material. Auch dies fördert vielfach den schädlichen Abdruck über die kleinen Zehen.

Selbst wenn die Überpronation im Rückfuß in einem vernünftigen Maße korrigiert wird (lieber ein Tick zu wenig als zu viel!), so kann sie doch mit der natürlichen Dämpfungs- und Stützfunktion des Bewegungsapparates nie konkurrieren. Die Geschmeidigkeit der Bewegung, das sanfte Abbremsen der Stoßenergie und das aktive Unterbinden einer Überpronation beim Vorfußläufer – damit kann das passive Fallen auf ein Dämpfungs- und Stützsystem eines technisch nicht geschulten Rückfußläufers niemals mithalten.

Nützlich: die Torsion

Kommen wir zum dritten „Feature" unserer modernen Schuhe und diesmal zu einer Konstruktion, die völlig ohne den unangenehmen Beigeschmack der Dämpfungs- und Stützsysteme daherkommt: In den 90er Jahren wurde die Verdrehbarkeit von Vor- und Rückfuß im Sportschuhbau wiederentdeckt.

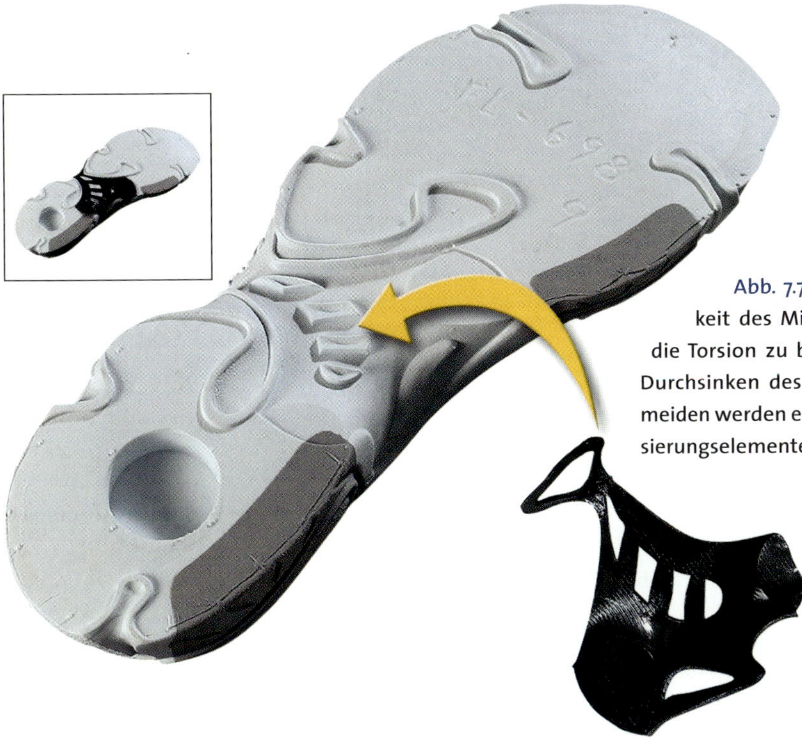

Abb. 7.7: Um die Beweglichkeit des Mittelfußbereiches auf die Torsion zu beschränken und ein Durchsinken des Mittelfußes zu vermeiden werden entsprechende Stabilisierungselemente eingesetzt.

Die damals eingeführte Kerbung des Mittelfußbereiches führte jedoch zu einer zu geringen Stabilität des Schuhwerks, weshalb für die darauf folgenden Jahre die Konstruktion entsprechender Führungselemente im Mittelpunkt des Interesses stand. Mit der daraus hervorgegangenen Führungseinrichtung erlaubte das Schuhwerk eine optimale Verdrehbarkeit von Vor- und Rückfuß ohne Instabilitäten (Abb. 7.7). Der Aufsatzbereich wird also vom Vorfußbereich in der Längsachse der Bewegung abgekoppelt, was dem Fuß eine natürlichere Bewegung gestattet.

Nun, die eingearbeiteten Plastikelemente schaffen diese Beweglichkeit nicht herbei (das macht die Aussparung im Mittelfußzwischensohlenbereich von allein). Dennoch hat eine solche Brücke ihren Sinn: Ein Durchsacken des Mittelfußbereiches auf den Boden (wir reden jetzt von einer anderen Bewegungsebene als der der Torsion), wird so nämlich verhindert. Eine großartige Entwicklung, besonders für den Vorfußläufer, wie wir noch sehen werden.

Was ist denn nun der optimale Laufschuh?

Die Leser dieses Buches, die in der Anfangszeit noch auf dem Rückfuß laufen und hierfür den richtigen Schuh benötigen, können leicht ableiten, dass sie wahrscheinlich weniger auf die Dämpfung des Schuhs achten müssen (die ohnehin bei allen Schuhen eher im Übermaße gegeben ist) als vielmehr auf die korrekte Auswahl der Stützfunktion. Lassen Sie sich hier von einem erfahrenen Experten beraten, der Ihre ganze Beinachse und Ihr gesamtes Bewegungsverhalten in seine Überlegungen mit einbezieht und Ihnen gegebenenfalls auch einen Schuh ohne Pronationsstütze verkauft. Den eventuell limitierenden Faktor hierfür, nämlich ob ein solcher überhaupt im Sortiment ist, sollten Sie mit einem Blick in das Schuhregal prüfen oder erfragen.

Abb. 7.8: Zu viel leichtes Mesh-Material im Vorfußbereich gibt dem Vorfußläufer wenig Halt.

Die Passform ist entscheidend

Eine gute Torsionsfähigkeit ohne instabilen Mittelfußbereich sollte der Schuh ebenfalls bieten. Ausschlaggebender Faktor ist und bleibt aber immer die Passform des Schuhs. Bei schlechtem Sitz erübrigt sich jede Diskussion über technische Raffinessen!

Besonders haben unter diesem schwierigen Laufschuhangebot all diejenigen zu leiden, die weiterhin (oder eventuell nach Lektüre dieses Buches erstmalig) aktiv auf dem Vorfuß laufen möchten, um die Vorzüge dieser Technik zu nutzen. Basiert sie doch auf den natürlichen Mechanismen der Bewegungsausführung und deren körpereigener Korrektur. Moderne Schuhe geben uns immer weniger Chancen dazu.

Ein schwieriger Markt für moderne Läufer

Die Problematik beginnt ganz einleuchtend mit den Stützsystemen. Es wurde sehr deutlich ausgeführt, dass hier in vielen Fällen weit über das Ziel hinaus geschossen wurde und immer noch wird. Der Vorfußläufer, der seinen aktiven Dämpfungsweg (die Pronationsbewegung, die er unbedingt braucht) aufgrund harter medialer Stützen nicht mehr ausführen kann, gerät in Teufels Küche. Er setzt in der supinierten Haltung auf dem Vorfuß auf und kann seine Abstoßbewegung gar nicht über die Großzehe führen, weil er permanent nach außen gehebelt wird. Nicht auszudenken, was passiert, wenn diese Stütze auch noch wie zuvor angesprochen bis unter die Großzehe reicht.

Vorfußläufer haben eine eingebaute Pronationsstütze

Der Vorfußläufer korrigiert seine vorhandene Überbeweglichkeit muskulär! Kommt es im unteren Sprunggelenk eines Vorfußläufers trotzdem zu einer leichten Überpronation, so hängt diese ohne größere Belastung recht sicher in einer Muskelschlinge: der Halt der Wadenmuskulatur zusammen mit dem Steigbügel aus vorderem Schienbeinmuskel (M. tibialis anterior) und langem Wadenbeinmuskel (M. peroneus longus), unterstützt durch den langen Großzehenbeuger (M. flexor hallucis longus) und dem hinteren Schienbeinmuskel (M. tibialis posterior).

Gedanken über die Korrektur darf man sich also nur dann machen, wenn entweder eine sehr starke Überbeweglichkeit vorliegt, die der Sportler nicht mehr kompensieren kann (hier sollten die Maßstäbe gegenüber dem Rückfußläufer sehr großzügig angelegt werden!), oder wenn er als Langstreckler nach dem Aufsetzen mit dem Mittel- oder Vorfuß verstärkten Bodenkontakt mit der Ferse sucht. Gegebenfalls sollte hier im Rückfußbereich leicht korrigiert werden.

Die große Mehrheit der Vorfußläufer benötigt demnach keine Pronationsstütze oder höchstens eine leichte, die immer streng auf den Rückfuß- oder allenfalls Mittelfußbereich limitiert bleiben sollte. Von einer Pronationsstütze im Vorfuß ist immer abzuraten!

Achten Sie auf stabiles Obermaterial!

Die Vorfußsupination ist leider bei Vorfußläufern generell häufiger als bei Rückfußläufern. Um diese zu verhindern spielt neben der korrekten Beschaffenheit von Zwischen- und Außensohle (s. o.) auch das Schaftmaterial eine Rolle. Der Anspruch an immer leichtere Schuhe hat dazu geführt, dass immer weniger Leder und immer mehr luftdurchlässiger Stoff (Mesh) verarbeitet wird. Was für die Belüftung des Fußes von Vorteil sein mag, bringt uns jedoch gehörige Nachteile in der Stabilität, besonders der des Vorfußes. Hier wären so genannte Zehenriegel angebracht, die in die Schnürung integriert werden und den kritischen Bereich um das Kleinzehengrundgelenk unterstützen. Wirkliche Zehenriegel wird man auf dem Markt nicht mehr finden, aber man kann darauf achten, dass möglichst wenig Meshmaterial und viele laterale Besätze in der Vorfußbox verarbeitet wurden (Abb. 7.8 und Abb. 7.9).

Abb. 7.9: Viel Leder und andere kräftige Zuggurtungen stabilisieren den Vorfußbereich ideal.

INFO

Vorfußsupinationsstütze

An mehreren Stellen des Buches wurde bereits auf die Problematik einer Abrollbewegung über die kleinen Zehen hingewiesen. Diesem sehr häufigen Fehler im Abrollverhalten wäre sinnvoll mit einer leichten Supinationsstütze im Vorfußbereich zu entgegnen. Wäre diese im Angebot einiger Hersteller erhältlich, ließe sich damit der Bewegungsablauf eines großen Teils der Läuferschaft optimieren. Man darf nur nicht eine Pauschalempfehlung heraufbeschwören, wie es einst bei den Pronationsstützen geschehen ist. Jeder Läufer braucht eine individuelle Versorgung seines Laufmusters!

Torsionsfähigkeit ist ein Muss!

Ferner ist die gute Torsionsfähigkeit des Schuhwerks unerlässlich. Gerade beim Vorfußläufer wird die Entkopplung von Vor- und Rückfuß deutlich. Der Athlet setzt den Fuß in supinierter Haltung auf und unmittelbar danach wird die Fußwurzel bereits im Sinne der Pronationsbewegung eingedreht. Der Vorfußbereich agiert weitestgehend unabhängig hiervon. Das ist eben auch der Grund, weshalb bei über Gebühr pronationsgestützten Schuhen, die die Torsionsfähigkeit missen lassen, mitsamt dem Rückfuß auch der Vorfuß in die Supination gehebelt wird.

Wählen Sie Ihre Schuhe nicht zu weit!

Achten Sie als Vorfußläufer hierauf und auf eine ausreichend schmale Passform. Ein Rückfußläufer, der eine weite Zehenbox im

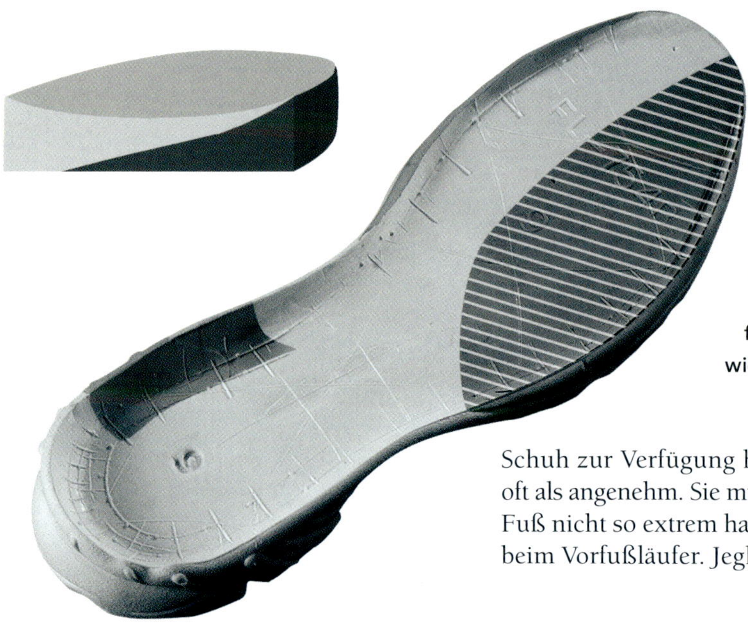

Abb. 7.10: Eine leichte Unterstützung im äußeren Vorfußbereich (wie in unserer Schemazeichnung schraffiert) könnte die Vorfußsupination verhindern. Erfahrungswerte hierzu fehlen weitgehend. Entwicklungsarbeit wäre hier dringend notwendig.

Schuh zur Verfügung hat, empfindet diese oft als angenehm. Sie muss bei ihm auch den Fuß nicht so extrem halten und stützen wie beim Vorfußläufer. Jegliche Driftbewegung wird bei diesem durch eine zu weite Vorfußbox potenziert und gerade der Supinierer sollte darauf achten, dass er in diese Bewegung im Vorfuß nicht noch hineingleitet.

Abb. 7.11: Die Bauhöhe der Rückfußsohle sollte beim Vorfußläuferschuh gering sein.

Die Bauhöhe der Schuhsohle im Rückfuß, die so genannte Sprengung, sollte natürlich möglichst moderat ausfallen, damit man nicht gezwungen wird mit dem Aufsetzen des Vorfußes seine Ferse gleich mit auf den Boden zu setzen (Abb. 7.11). Wünschenswert wäre dies natürlich auch für den Vorfußbereich, um dem Bewegungsapparat wieder einige der schon angesprochenen wichtigen Information darüber zukommen zu lassen, auf welchen Untergrund er sich eigentlich gerade abstimmen muss.

Öfter mal ohne Schuhe...

Es kann nicht oft genug betont werden: Würde er die Informationen bekommen, könnte der Körper Rasen anders abstimmen als Sand, Asphalt anders als Schotter, nassen Waldboden anders als trockene Feldwege. Dies würde viel zu einer verletzungsfreien Bewegung beitragen. Die Fahrwerke unserer hochentwickelten Autos erkennen neuerdings den Untergrund, auf dem sie fahren, und werden elektronisch darauf eingestellt. Unser Körper könnte das noch wesentlich besser – wenn wir ihn nur ließen. Denken Sie einmal beim künftigen Barfußlaufen an diese Worte...

Reizthema Dämpfung

Der Vorfußbereich leitet uns zum wichtigsten und letzten Punkt über: Was ist eigentlich mit der Dämpfung im Schuh des Ballenläufers? Klar: Im Rückfußbereich könnte er völlig auf sie verzichten. Sie stört noch nicht einmal, wenn sie nicht gerade für eine zu große Bauhöhe sorgt – und schließlich müssen wir uns ja mit Schuhen, die für Rückfußläufer gemacht sind, arrangieren.

Was ist aber mit der Dämpfung im Vorfußbereich? Die hat inzwischen fast jeder Laufschuh. Was der Rückfußläufer damit soll, der seine Stoßenergie mittels Ferse bereits an seinen Körper weitergeleitet hat, wenn der Vorfuß den Boden berührt, hat sich bislang sicher den wenigsten erschlossen. Dieser fragliche Sinn alleine würde ja nicht weiter stören, aber in diesem Falle wird es aus anderem Grunde diffizil.

INFO

Die richtige Länge des Schuhs

Der Fuß braucht in der Abrollbewegung Raum, um sich nach vorne zu entfalten. Um seine Füße nicht zu schädigen und um blauen Zehennägeln vorzubeugen ist im Stehen unter Belastung zwischen längster Zehe und der Spitze des Schuhs ein Freiraum von 1-2 cm sicherzustellen.

Abb. 7.12 a: Das intakte Quergewölbe des Fußes weist einen leichten Bogen auf. Die mittleren Mittelfußköpfchen können auch Kontakt zur Unterlage haben.

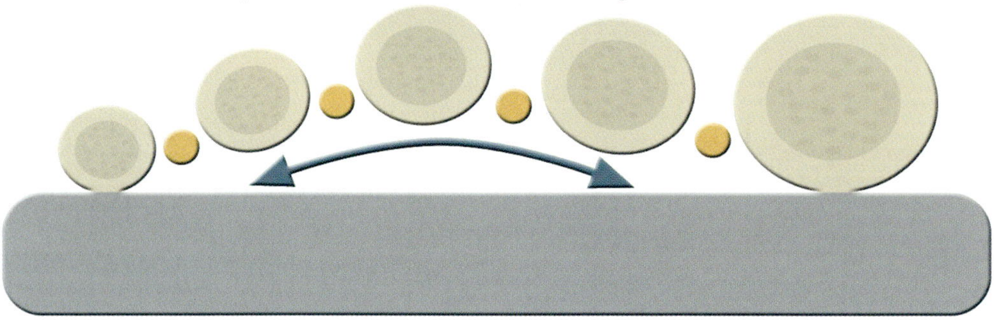

Abb. 7.12 b: Beim Spreizfuß ist das Gewölbe eingesunken. Besonderer Druck lastet auf den Mittelfußköpfchen II-IV.

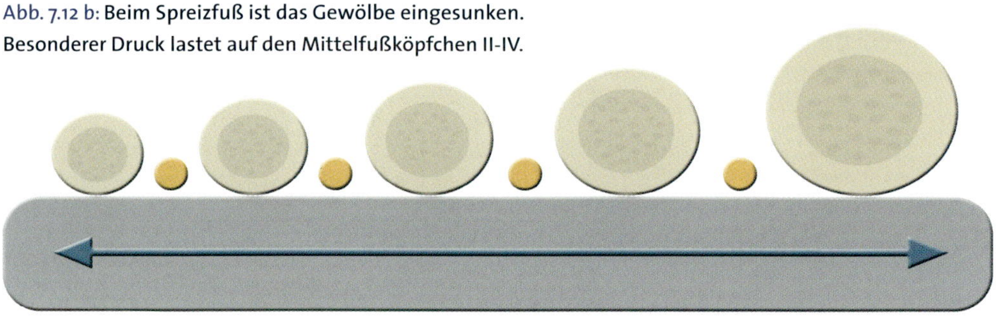

Abb. 7.12 c: Besonders problematisch ist für den Spreizfuß ein weiches Dämpfungsmaterial (evtl. mit harten Kanten aufgrund einer „Inlay-Konstruktion"). Das Gewölbe sinkt wie in einer Hängematte ein und Nerven können schmerzhaft gereizt werden.

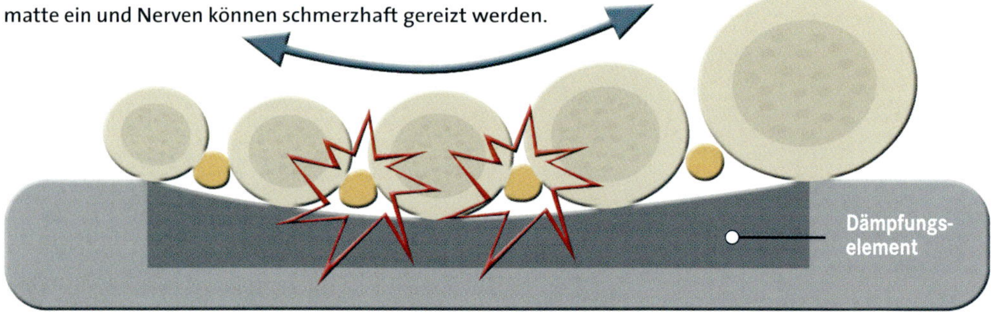

Das Quergewölbe ist nämlich nicht ein solches Gewölbe, wie man es sich als Laie vorstellt. Unter Belastung, auch im gesunden Zustand, befinden sich die Mittelfußköpfchen häufig auf einer Ebene mit der Unterlage und bilden keinen hohen Bogen. Außerdem sind durch mangelndes Training der Fußmuskulatur Schwächen in diesem Bereich sehr häufig.

Der Hängematteneffekt

Solange dieses Gewölbe auf einer festen Unterlage ruht, werden selbst erschlaffte Spreizfüße meist gut toleriert. Was aber, wenn man eine weiche nachgiebige Unterlage darunter legt und diese geschwächten Gewölbe belastet? Die mittleren Mittelfußköpfchen sacken wie in einer Hängematte durch und dann ist das Auftreten von Spreizfußbeschwerden viel wahrscheinlicher als ohne Dämpfung (Abb. 7.12) Die Forderung muss sein, auf jeglichen Schaum und auf jegliches Luftkissen im Vorfußbereich zu verzichten – aus den gerade dargelegten Gründen und für die bessere Wahrnehmung des Untergrundes.

INFO

Vorfußdämpfung

Die kritisch zu betrachtende Dämpfung des Vorfußes, die generell nur wenig Vorteile bringt (s. Text), macht die stärksten Probleme, wenn das Dämpfungsmaterial als Inlay in das härtere EVA eingelassen ist. So hat der Fuß innen und außen harte Ränder als Unterlage und der Hängematteneffekt für das Quergewölbe des Fußes verstärkt sich (Abb. 7.13).

Wenn schon eine Vorfußdämpfung zum Einsatz kommt (man wird bei der heutigen Marktlage kaum daran vorbeikommen), dann eine, die über den ganzen Vorfußbereich gleichmäßig verteilt ist (vgl. Abb. 7.12)!

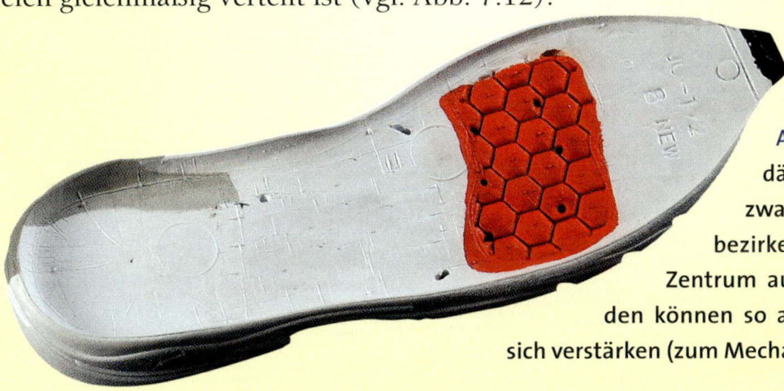

Abb. 7.13: Eine Vorfußdämpfung als Inlay weist zwangsläufig härtere Randbezirke bei einem weichen Zentrum auf. Spreizfußbeschwerden können so ausgelöst werden oder sich verstärken (zum Mechanismus s. Abb. 7.12 c).

INFO

Anforderungen an den Vorfußläuferschuh

- flache **Bauweise** der Zwischensohle im Vor- und Rückfußbereich
- keine zusätzlichen **Dämpfungselemente** im Vorfuß
- ausreichend schmale **Passform**
- gute **Torsionsfähigkeit**
- gebogener oder halbgebogener **Leisten**
- festes **Obermaterial**
- keine **Pronationsstütze**, oder eine wohl dosierte auf den Rückfußbereich beschränkte zweite Härte

Niemand soll auf Ledersohlen über den Asphalt laufen, das wäre unpraktikabel. Die EVA-Sohle soll uns schützen, keine Frage.

Aber vielleicht könnte man mit den tollen technischen Möglichkeiten, die wir jetzt haben, und mit den herausragenden Materialien wieder einen kleinen Schritt zurücktreten und dem Fuß das *natürliche* Arbeiten erleichtern?

Die Qual der Wahl

Oh je! Welchen Schuh sollen Sie denn jetzt noch anziehen um auf dem Vorfuß zu laufen? Fassen wir zusammen: Es sollte ein Schuh sein, der eine flache Bauweise der Zwischensohle bietet, nach Möglichkeit keine zusätzlichen Dämpfungselemente im Vorfuß hat, eine ausreichend schmale Passform aufweist, gut torsionsfähig ist, auf

INFO

Aktuelle Schuhempfehlungen im Internet

Laufend neue Schuhempfehlungen, die für Sie auf ihre Eignung im Vorfußlaufeinsatz getestet wurden, finden Sie unter **www.natuerlich-laufen.de**.

Abb. 7.14: Ein Schuh aus dem Segment der Light-Trainer.

INFO

So sollte Ihr Laufgeschäft ausgestattet sein:

- ein standsicheres **Laufband** mit breiter Lauffläche
- **Videoanlage** mit Möglichkeit der Standbildanzeige oder eine Bewegungsanalysesoftware
- ausreichende **Sitzmöglichkeiten**, um in Ruhe alle Modelle durchprobieren zu können
- ausreichend große, intelligent zusammengestellte **Laufschuhauswahl** mehrerer Hersteller
- ausreichende **Lagerbestände**
- in Sportmedizinzentren außerdem **Podoskop, Fußdruckmessung**

einem gebogenen oder halbgebogenen Leisten mit einem festen Obermaterial gefertigt ist und der – wenn überhaupt – eine Pronationsstütze nur im Rückfußbereich aufweist.

Sie ahnen es: Am gegenwärtigen Markt werden sie lange danach suchen können ohne fündig zu werden. Es gibt aber eine Kompromisslösung, die relativ gut auf diese Forderungen passt, wenn man auch von einigen erstrebenswerten Dingen Abstand nehmen muss. Die so genannten „Light-Trainer" sollen für den Rückfußläufer die Schnittstelle zwischen Trainings- und Wettkampfschuh bilden (Abb. 7.14). Sie haben meist eine recht flexible Sohle mit guter Torsionsfähigkeit, hauptsächlich auf den Rückfuß konzentrierte Pronationsstützen vernünftigen Ausmaßes und eine flache Bauweise. Von den Wettkampfschuhen unterscheiden sie sich positiv durch ein noch ausreichend stabiles Schaftmaterial. Nun, auf die Vorfußdämpfung müssen Sie sich wohl einlassen. Wer hier Probleme hat, wird im folgenden Kapitel über Einlagen einen Lösungsansatz finden. Wenn man aber einen solchen Schuh in einer ausreichend schmalen Passform für sich entdecken kann, dann hat man schon viel erreicht. Sie sollten so auf dem Vorfuß recht gut über die Runden kommen.

Tipps zum Laufschuhkauf

Beachten Sie beim Laufschuhkauf – egal, ob als Vor- oder als Rückfußläufer – stets einige Grundregeln:

Kaufen Sie Ihre Schuhe abends

Die Länge des Fußes hängt stark von der Verspannung des Längsgewölbes mit der Muskulatur ab. Ist diese abends erschlafft, ist der Fuß leicht eine halbe Nummer größer als am frühen Morgen.

Nehmen Sie Ihre Laufsocken mit ins Geschäft

Es gibt dicke und dünne Laufsocken und in den Sportgeschäften erhalten sie meist dicke Baumwolltennissocken. Das verfälscht den Größeneindruck immens.

Nehmen Sie sich Zeit

Kaufen Sie die Schuhe nicht zwischen Tür und Angel! Unter Zeitdruck werden meist die falschen Entscheidungen getroffen und die wenigsten Händler nehmen gebrauchte Schuhe zurück.

Bringen Sie alte Laufschuhe mit

Der Abrieb der alten Schuhe gibt oft Hinweise auf bestimmte Fehlstellungen und fehlerhaftes Abrollverhalten. Der Verkäufer wird sich nicht daran stören, dass die Schuhe dreckig und muffig sind. Vielmehr freut er sich über die wichtigen Anhaltspunkte, die ihm der alte Schuh bringt.

Schauen Sie auf den Preis

Wenn zwei Schuhe, die Ihnen für Ihre Bedürfnisse gleich gut erscheinen, unterschiedliche Preise haben, nehmen Sie ruhig

die günstigere Variante und wechseln Sie diese zeitiger wieder aus. Der teurere Schuh hält nicht länger!

Bringen Sie orthopädische Einlagen mit

Laufschuh und Einlage bilden eine Einheit und müssen aufeinander abgestimmt sein. Es ist unmöglich, den richtigen Schuh für einen Einlagenträger zu finden, wenn er diese nicht darin Probe läuft.

Bleiben Sie flexibel

Sicher, irgendwann weiß man als Läufer, mit welchem Schuh man gut zurechtkommt. Aber Vorsicht: Der Leisten, also die Form, auf der der Schuh gefertigt wird, ändert sich häufig, auch wenn der Name des Schuhs gleich geblieben ist. Anziehen und Probelaufen und notfalls auch Abschied vom jahrelang gelaufenen Modell zu nehmen ist manchmal unumgänglich.

Fazit: Augen auf beim Laufschuhkauf!

Es ergibt sich für den Rückfußläufer also eine gänzlich andere Versorgung als für den Vorfußläufer. Während man beim Rückfußläufer peinlich genau auf den Stützbedarf des Schuhs achten muss, reicht es beim Vorfußläufer, schwerste Fehlstellungen entsprechend zu versorgen. Alle Korrekturen nahe des Normbereichs werden völlig problemlos durch die Muskulatur kompensiert. Der Ballenläufer muss vielmehr darauf achten, dass der Schuh dem Fuß wieder ein Maximum an Beweglichkeit und ein bodennahes Laufverhalten zugesteht, damit er optimal funktionieren kann.

Einlagen für Laufschuhe

Einlagen für Laufschuhe

"If there's no problem, I don't fix it", sagt der Amerikaner! Behalten Sie diesen weisen Satz bei der Lektüre dieses Kapitels im Hinterkopf, liebe Leser. Was keine Probleme macht, werde ich nicht reparieren. Der Einsatz von orthopädischen Einlagen ist ein Thema, an welchem man in einem Laufbuch, gerade in einem solchen über Vorfußlaufen, nicht vorbeikommt. Zu speziell sind die Anforderungen an ein eventuell nötiges Hilfsmittel und zu verheerend sind die Folgen einer schlecht auf die Bedürfnisse zugeschnitten Einlage im Laufschuh.

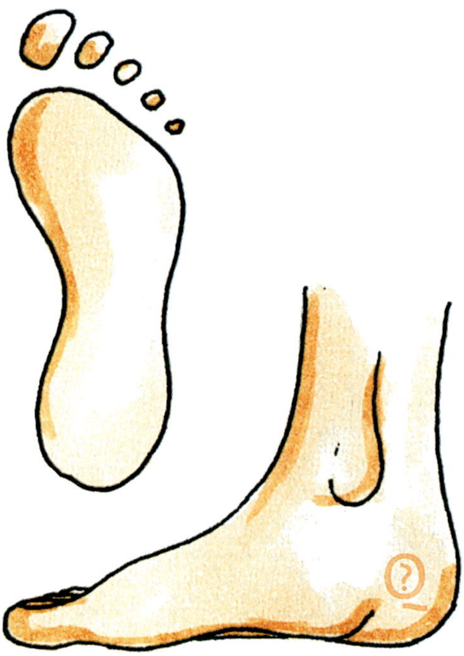

Abb. 8.1: Der Senkfuß hat keine ausreichende Sicherung des Längsgewölbes vorzuweisen. Das Längsgewölbe ist abgeflacht.

Die Aufgaben der Einlagen

Die orthopädische Einlage verfolgt den Zweck bestimmte Fußfehlstellungen zu korrigieren. Zwar manifestieren sich Fußfehlstellungen an unseren Fußgewölben und den Sprunggelenksbereichen, Auswirkungen haben sie jedoch nicht nur auf diese, sondern auf die gesamte Beinachse. Bevor man die Konstruktion einer eventuell notwendigen orthopädischen Einlage verstehen kann, muss man sich mit den wichtigsten Fehlstellungen der Füße vertraut machen.

Der Senkfuß

Aus Kapitel 1 kennen Sie noch die Gewölbekonstruktion unseres Fußes aus Längs- und Quergewölbe (s. S. 21). Ein nicht mehr regelrechtes Längsgewölbe äußert sich zunächst in einem Senkfuß. Die Höhe des Gewölbes ist hier vermindert, was aber bei muskelstarken Läufern nicht mit einer kräftigen Fußmuskulatur verwechselt werden darf (Abb. 8.1).

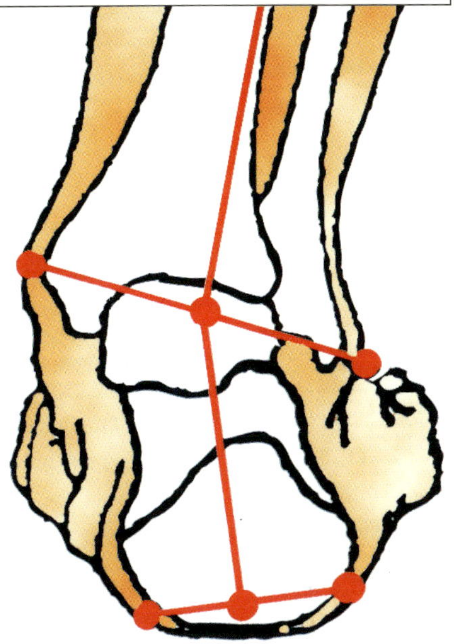

Abb. 8.2: Der Knickfuß ist fast immer mit einem Senkfuß vergesellschaftet. Das Fersenbein knickt hierbei nach innen.

Die muskuläre Sicherung dieses Gewölbes und die Verspannung durch Bänder der Fußsohle ist nicht mehr völlig ausreichend, sie kann das Gewölbe aber noch teilweise sichern.

Der Knickfuß

Gerne geht ein solcher Senkfuß mit einer Fehlstellung des unteren Sprunggelenks, dem Knickfuß, einher, welcher sich durch eine Valgusstellung des Fußes auszeichnet: Der Fuß knickt im Sinne der Pronation ein (Abb. 8.2).

Der Spreizfuß

Wird anders als beim Senkfuß das Quergewölbe des Fußes nicht mehr ausreichend durch Bänder und Muskulatur verspannt, so entwickelt sich der Spreizfuß. Man erkennt ihn hervorragend in der Druckmessung der Fußsohle: Die Last unter den Mittelfußköpfchen wird nicht mehr optimal verteilt, sondern liegt besonders auf dem Mittelfußköpfchen III. Das Gewölbe ist durchgesackt (Abb. 8.3).

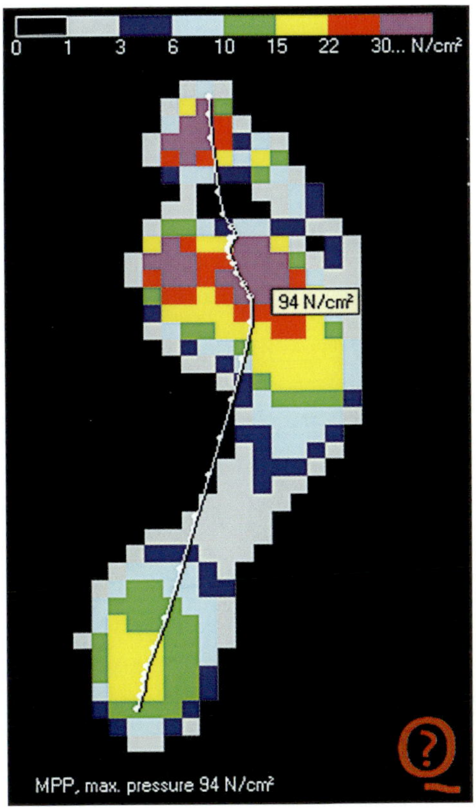

Abb. 8.3: Die Druckmessung unter der Fußsohle zeigt beim Spreizfuß einen charakteristisches Druckmaximum im Bereich der mittleren Mittelfußköpfchen. Normalerweise ist die Belastung besser auf die fünf Mittelfußköpfchen verteilt.

INFO

Spreizfußdiagnostik

Die Diagnose des Spreizfußes ist auch ohne Fußdruckmessung in vielen Fällen gut möglich: Unter dem vermehrt belasteten Mittelfußköpfchen, oft dem dritten, bildet sich eine charakteristische Hornhautschwiele, die man unter der Fußsohle tasten und sehen kann.

Der Plattfuß

Erst wenn sich ein Senkfuß so weit entwickelt hat, dass jeglicher Gewölberest komplett eingesunken ist, und hinzu noch ein geschädigtes Quergewölbe im Sinne eines Spreizfußes kommt, spricht man von einem Plattfuß (Abb. 8.4).

Solche Fehlstellungen der Füße können Beschwerden direkt im Bereich des geschädigten Gewölbes machen, aufgrund der Auswirkungen auf die Statik der Beinachse die übergeordneten Strukturen schädigen oder aber ohne jegliche Problematik kompensiert und toleriert werden.

Typische Beschwerden, die mit Gewölbeschwächen zusammenhängen, sind die Spreizfußbeschwerden (über die sie in Kapitel 7 im Zusammenhang mit der Vorfußdämpfung bereits einiges erfahren haben), aber auch die vornehmlich durch die Längsgewölbeschwäche hervorgerufenen Überlastungsbeschwerden der Fußsohlenbänder.

Einlagen lassen die Muskeln erschlaffen

Die Frage nach der Notwendigkeit einer Einlagenversorgung wird von den Experten verschiedenartig bewertet. Während die einen meinen, jegliche Abweichung von der Norm sicherheitshalber korrigieren zu müssen, gibt es andere, die hierin durchaus auch Gefahren sehen. Es ist nicht von der Hand zu weisen, dass Fußgewölbe zu einem großen Teil durch die Muskulatur gesichert werden, denn sonst würde die Knochen-Band-Konstruktion nicht ihre Form und Dynamik wahren können. Wird diese Muskelarbeit jedoch durch das dauerhafte Tragen einer Einlage reduziert, so wird sich der Muskel an die neuerlich leichteren Aufgaben anpassen und sich zurückentwickeln (atrophieren).

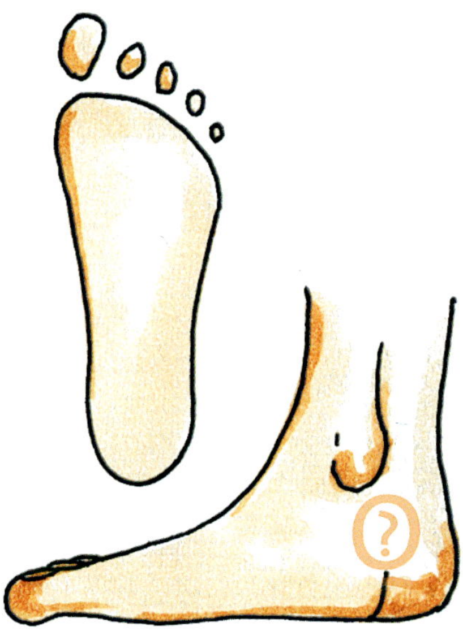

Abb. 8.4: Beim Plattfuß sind alle Gewölbe eingesunken und nehmen ihre Funktion nicht mehr wahr.

TIPP

So beugen Sie Verletzungen vor

Durch eine Senk-Spreizfuß-Fehlstellung kann die Sehne eines Muskels des Steigbügels, welcher das Quergewölbe umschließt, überlastet werden. Dieser vordere Schienbeinmuskel (M. tibialis anterior) wird an seinem Ursprung durch permanenten Stress überlastet und die Knochenhaut der vorderen Kante des Schienbeines bereitet Schmerzen – der Fachmann spricht von einem **vorderen Schienbeinkantensyndrom**. Die ursächliche Therapie kann hier in einer Korrektur der besagten Fußfehlstellung liegen.

Einlagen werden die Fehlstellung eines Fußes deshalb nur so lange korrigieren wie sie sich unter dem Fuß befinden. Wird dem Fuß nach längerem Tragen die Einlage entzogen, so wird sich die Situation manches Mal eher verschlechtern.

Keine Verletzung, keine Einlage

Diesen Sachverhalt sollten sich gerade diejenigen vor Augen führen, die eigentlich keine Beschwerden haben und verletzungsfrei laufen. Muss ich dem Fuß, der ein Wunderwerk aus Muskeln, Sehnen und Bändern darstellt, Arbeit abnehmen anstatt ihn zu trainieren und zu fordern? „Use it or loose it" ist ein weiteres von Physiologen gerne benutztes Sprichwort, was den fraglichen Einsatz von Einlagen bei Gesunden gut beschreibt. Benutze deine Fußmuskulatur – oder verliere sie!

Barfußlaufen macht schlappe Füße stark

Und wie auch bei der Überpronation gilt: Der Körper ist nach einem Training durchaus in der Lage gewisse Fehlstellungen muskulär zu korrigieren und zu kompensieren. Solange also nicht durch massive Fehlstellungen die gesamte Biomechanik der Beinachse mit entsprechenden Folgeschäden negativ beeinflusst wird, sondern nur ein leichter Senkfuß vorliegt, der keine weiteren Probleme bereitet, solange wird man auch auf die Arbeit seiner Fußmuskeln vertrauen können. Diese durch viel Barfußlaufen zu unterstützen und nötigenfalls mit entsprechenden Übungen zusätzlich aufzutrainieren ist natürlich sehr empfehlenswert.

Was tun bei Schmerzen?

Für den schmerzgeplagten spreizfüßigen Läufer oder andere Sportler, die Schmerzen an bestimmten belasteten Körperteilen haben, welche sich durch eine orthopädische Einlage positiv beeinflussen lassen, stellt sich diese Frage nicht mehr. Der Körper zeigt durch den Schmerz an, dass seine Kompensationsmechanismen erschöpft sind. Hier kann und muss man Abhilfe durch die künstlichen Stützen der Gewölbe schaffen. Natürlich steht der Sportler alsdann in der Pflicht, den beginnenden Verfall seiner Fußmuskulatur rechtzeitig zu stoppen. Barfußlaufen auf natürlichem Untergrund und die nötige Fußgymnastik können dem entgegenwirken.

INFO

Die fragliche Praxis der Einlagenverordnung

Sehr kritisch muss die heute gängige Praxis bewertet werden, bei jeglicher Beschwerdeschilderung eines Laufsportlers zur undifferenzierten Einlagenversorgung zu greifen. Für eine Einlagenversorgung sollte immer ein deutlicher Zusammenhang von zu versorgendem Problem und dem Effekt der Einlage wegweisend sein. Mit einer pauschal verordneten „Knick-Senk-Spreizfuß-Einlage", die das individuelle Laufverhalten eines Athleten nicht berücksichtigt, werden sich unklare Schmerzen (beispielsweise der Kniegelenke) selten sinnvoll bekämpfen lassen! Man kann sich des Eindrucks nicht erwehren, dass die orthopädische Einlage wohl aus Unwissenheit über die wahren Ursachen von Verletzungen häufig als letzter vermeintlicher Kompetenzbeweis für die sportmedizinische Versorgung des Sportlers herhalten muss.

So „arbeiten" Einlagen

Wie kann die Einlage die Fehlstellungen des Fußes sinnvoll korrigieren? Zunächst sind für die Aufrichtung der abgeflachten Gewölbe entsprechende Formgebungen notwendig, die im Falle des Längsgewölbes charakteristische Knochenprominenzen gezielt unterstützen sollten. Je nach Grad der Fehlstellung ist es sinnvoll das Sustentaculum tali, einen Knochenvorsprung des Fersenbeins, welches aufge-

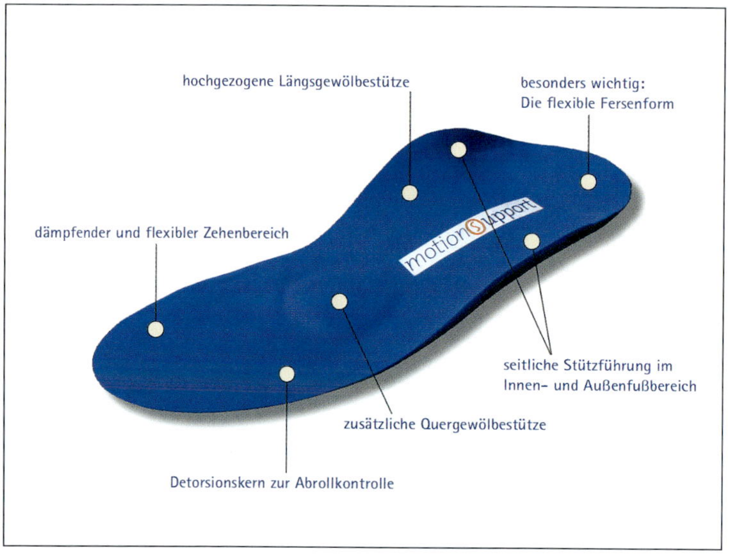

Abb. 8.5: Diese Einlage verfügt über eine hochgezogene Längsgewölbestütze zur Knick- und Senkfußversorgung.

EINLAGEN

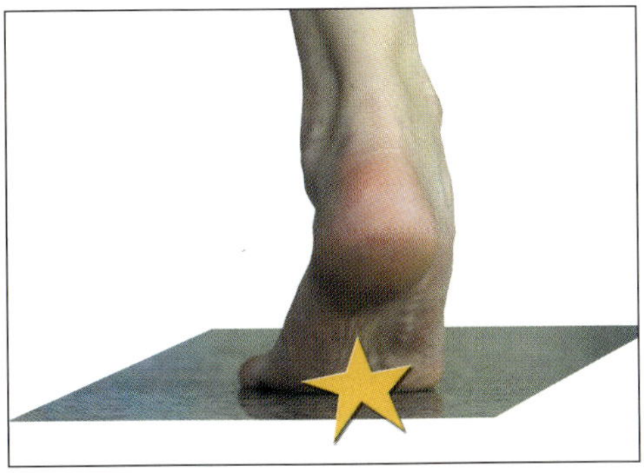

Abb. 8.6: **Spreizfußbeschwerden äußern sich häufig im Bereich der Mittelfußköpfchen II-IV.**

richtet werden soll, zu unterfangen (die Stelle, die auch der lange Großzehenbeuger (M. flexor hallucis longus) zur Pronationskontrolle sichert, s. S. 32). In diesem Zuge wird auch das Kahnbein eine Unterstützung erfahren. Die Einzelfallentscheidungen richten sich nach dem Erscheinungsbild des geschädigten Fußes und demonstrieren die Wichtigkeit eines gut ausgebildeten Orthopädiemechaniker-Meisters (Abb. 8.5).

Wenn das Quergewölbe durchgetreten ist und der betroffene Sportler Schmerzen unter den Mittelfußköpfchen hat (Abb. 8.6), dann muss man die Mittelfußknochen hinter den Druckstellen der Köpfchen unterstützen, um den schmerzenden Bereich zu entlasten. Man bedient sich hierfür einer so genannten „Pelotte". Die tropfen- oder nierenförmige Erhebung hinter den Mittelfußköpfchen sollte individuell auf die Fußgröße und Art der Beschwerden zugerichtet werden. Dafür gibt es Pelotten in unterschiedlichsten Größen und Formvarianten. Verlassen Sie sich auch hier auf das Geschick eines erfahrenen Fußspezialisten und lassen Sie sich keine Einlage „von der Stange" unterjubeln (Abb. 8.7 und 8.8).

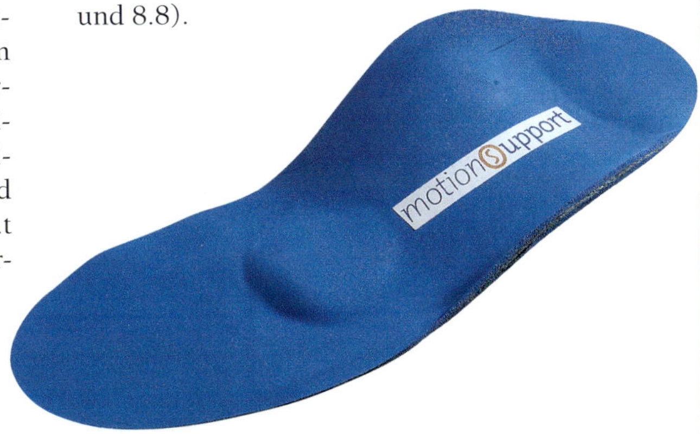

Abb. 8.8: **Die Pelotte richtet geschädigte Quergewölbe auf.**

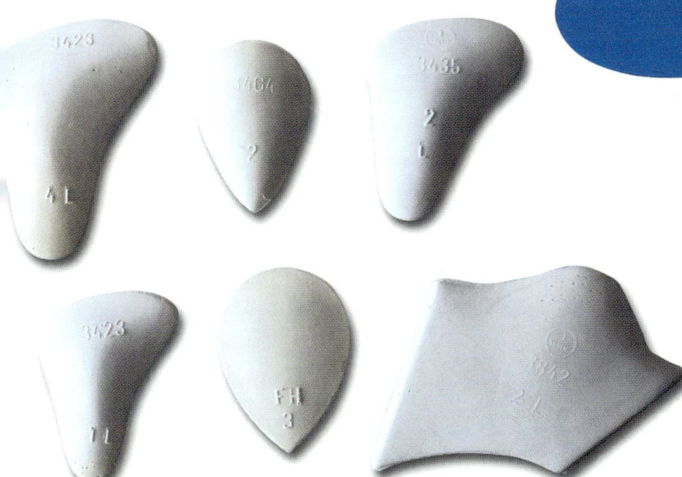

Abb. 8.7: **Pelotten zum Aufrichten des Quergewölbes gibt es für die verschiedenen Bedürfnisse in den unterschiedlichsten Varianten.**

EINLAGEN

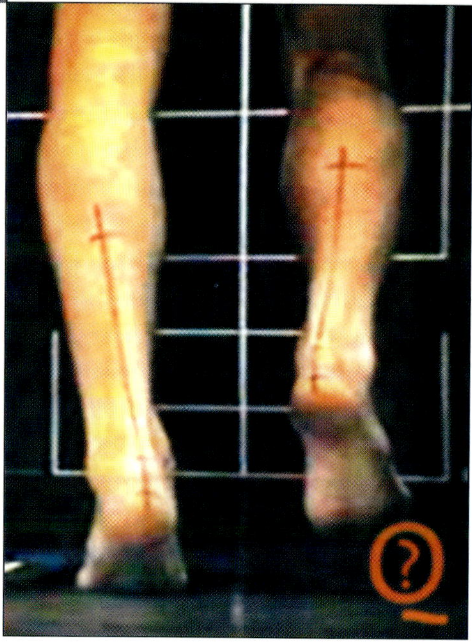

Abb. 8.9: Der Fuß verkippt bei der Vorfußsupination in der Abdruckphase auf die Kleinzehen.

Die Korrektur der Vorfußsupination

Es existieren aber noch andere bedeutsame Einsatzbereiche für die orthopädischen Hilfsmittel. Mehrfach besprochen wurde das Thema der Supination im Vorfuß, also dem verletzungsträchtigen Abrollen über die kleinen Zehen, statt sich richtigerweise über die Großzehe abzustoßen (Abb. 8.9).

Da entsprechende Schuhversorgungen mit etwaigen Stützelementen im Vorfuß nicht erhältlich sind, ist dieses Abrollverhalten am ehesten durch Einlagen zu verbessern. Man bedient sich hierfür einer Erhöhung des vorderen äußeren Einlagenrandes um wenige Millimeter. Zusammen mit einem so genannten „Detorsionskern" der Einlage und einer leichten Schalenkonstruktion, die die Bewegung des Fußes in die richtige Richtung dirigiert, kann so die Biomechanik des Fußes optimiert werden (Abb. 8.10).

Eine effektivere Kontrolle der Überpronation

Mit einer anderen Erhöhung der Einlage, auf der Innenseite des Rückfußes, kann

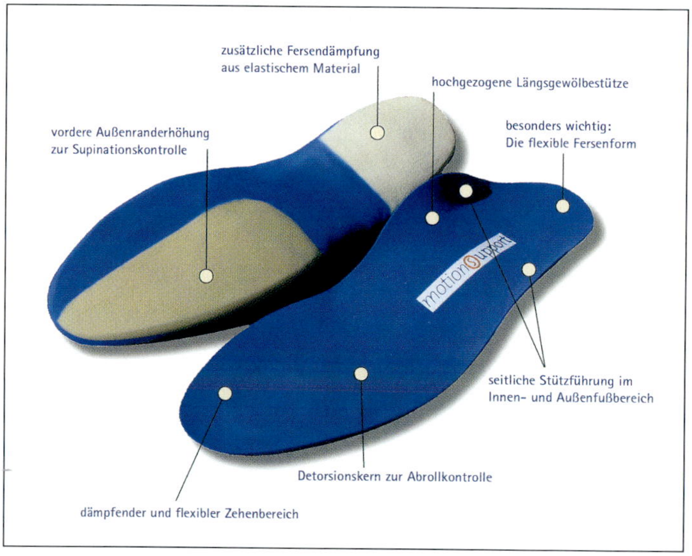

Abb. 8.10: Die Einlage verfügt über eine Erhöhung des vorderen Außenrandes um eine Supination in der Abstoßphase zu verhindern.

INFO

Weitere Ursachen der Vorfußsupination

Es gibt Füße, bei denen der Vor- und Rückfuß außerhalb der Normalität gegeneinander verdreht (torquiert) sind. Der Innenrand des Vorfußes befindet sich gegenüber dem Rückfuß in einer angehobenen Position (Supinations- oder Varusstellung). Weist der Fuß eine solche Verdrehung auf (etwa bei jedem zehnten Läufer), wird beim Vorfußlauf die Aufsatz- und Abstoßbewegung stärker über die laterale Fußflanke geführt. Beim Rückfußlauf bedingt die „Vorfußvarusstellung" häufig eine Rückfußüberpronation, die als Kompensationsmechanismus für die supinierte Vorfußstellung anzusehen ist. Ursächlich kann unter anderem eine Abschwächung der Wadenbeinmuskeln sein, die den Fußaußenrand heben (Mm. peronei).

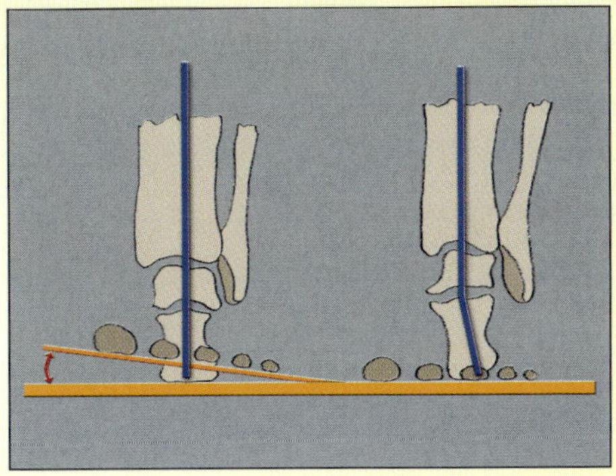

Abb. 8.11: Beim varischen Vorfuß ist dieser gegenüber dem Rückfuß im Sinne einer angehobenen Innenkante verdreht. Es resultiert häufig eine Vorfußsupination. Berührt der Vorfuß regelrecht den Untergrund, so reagiert der Rückfuß häufig im Sinne einer Überpronation.

man stärkeren Fällen der Rückfußüberpronation entgegenwirken. Zusammen mit der an den richtigen Stellen im Fußgewölbe angreifenden Längsgewölbeunterstützung kann man so eine wesentlich effektivere Kontrolle der Pronationsbewegung erreichen als mit der schon mehrfach diskutierten „zweiten Härte" im Schuhwerk, also der Pronationsstütze. Letztere hat nämlich nie direkten Kontakt zum Gewölbe und kann dieses daher auch nicht im optimalen Ausmaß korrigieren (Abb. 8.12).

Abb. 8.12: Diese Einlage verfügt über einen Keil, der im Rückfußbereich zusammen mit der Längsgewölbestütze eine übermäßige Pronation verhindert.

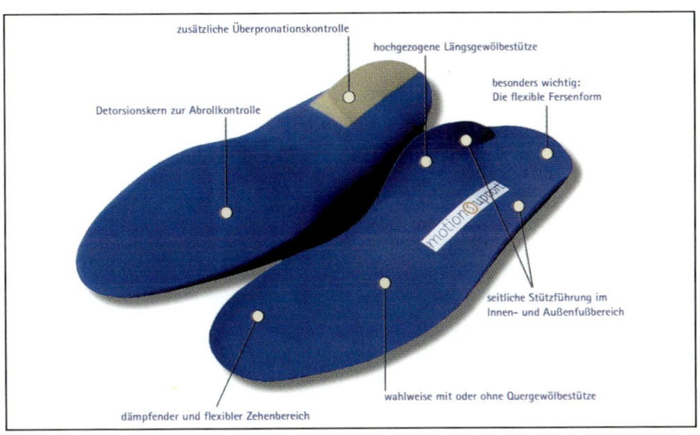

EINLAGEN

INFO

Einlagen und Fußmuskulatur

Wer Einlagen trägt, sollte regelmäßig seine Fußmuskulatur trainieren und barfuß laufen, um die weitere Abschwächung der Fußmuskulatur zu verhindern.

Fußgymnastik vor Einlagenversorgung

Der Einsatz der orthopädischen Einlagen sollte also strikt problemorientiert erfolgen und nicht prophylaktisch dem gesunden Fuß verordnet werden. Wesentlich erfolgversprechender ist es da, die Fußmuskulatur durch Fußgymnastik und Barfußlaufen auf natürlichem Untergrund zu schulen und so Fehlstellungen vorzubeugen oder ihre weitere Entwicklung zu stoppen. Diskutieren könnte man unter Umständen den präventiven Einsatz einer leichten Vorfußpelotte, um bei den heute gängigen Vorfußdämpfungsinlays den kontinuierlichen Hängematteneffekt des Quergewölbes zu verhindern.

Vorsicht beim Wechsel der Lauftechnik

Ein Läufer, der seine Lauftechnik auf den Vorfußlaufstil geändert hat, sollte den Einsatz einer Einlage (wenn keine zwingenden Gründe dafür bestehen) zuallererst sehr kritisch überdenken. Eine mögliche Überpronation, die sich beim Rückfußlaufen noch gefunden haben mag, ist unter Umständen durch die muskuläre Aktivierung gut kompensiert. Eine Einlage, die den Fuß in die Supination hebelt, würde den Bewegungsablauf des Vorfußläufers empfindlich beeinträchtigen.

Generell muss man feststellen, dass die Korrektur der Überpronation mittels Einlage bei Vorfußläufern sehr zurückhaltend eingesetzt werden sollte. Zunächst sollte das Vorfußlaufen ohne Einlage getestet werden. Nur für den Fall, dass sich Beschwerden einstellen oder dass sich in einer fachmännischen Kontrolle eine versorgungserzwingende Fehlstellung der Beinachse zeigt, sollte eine neue laufstilgerechte Einlage angefertigt werden.

Was tun bei Spreizfußbeschwerden?

Häufiger wird beim Vorfußläufer unter den gegebenen Schuhversorgungsbedingungen ohnehin der schmerzende Spreizfuß sein. Tritt dieser isoliert auf, sollte man aufgrund der häufigen Supinationsproblematiken im Vorfuß überdenken, ob man überhaupt eine komplette orthopädische Einlage mit medialer Längsgewölbestütze anfertigen lässt. Im Zweifelsfall ist es besser, nur mit einer Pelotte das Quergewölbe zu unterstützen um die natürliche Mechanik des übrigen Fußes nicht zu belangen.

Einlagen im Wettkampf

Für Läufer, die auf eine Einlagenversorgung angewiesen sind und an Wettkämpfen teilnehmen, gilt es zu bedenken, dass sich die gesamte Mechanik der Beinachse (und wenn man so will jedes einzelnen Muskels)

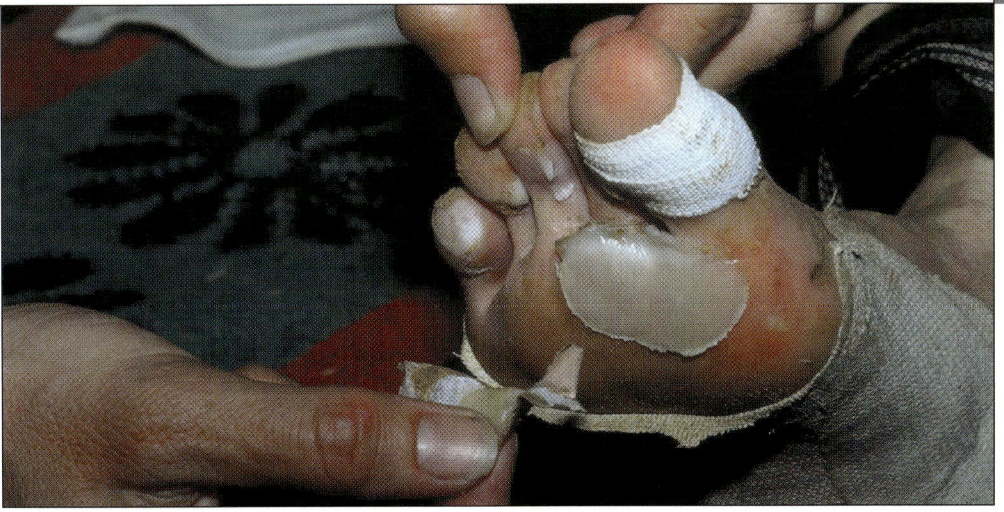

Abb. 8.13: **Blasen an den Füßen können bei neuen und schlecht sitzenden Einlagen vorkommen.**

auf die Laufbewegung mit der gewohnten Unterstützung eingestellt hat. Läuft der Sportler im Wettkampf ohne diese Unterstützung, kann dies das Risiko einer Verletzung erhöhen. Schließlich wurde ja aus irgendeinem Grund die Statik des Fußes und/oder der Beinachse für „versorgungswürdig" befunden – und das gilt auch im Wettkampf!

INFO

Minimalversorgung bei Spreizfußbeschwerden

Getreu dem Motto „Use it or loose it" sollte man bei typischen Vorfußbeschwerden zunächst die Versorgung mit isolierten Pelotten ohne Unterstützung des übrigen Fußes testen. In vielen Fällen kann dies schon ausreichen, um Schmerzfreiheit zu erreichen.

Vorfußläufer mit Spreizfußbeschwerden oder solche, die mit ungünstigen zusätzlichen Vorfußdämpfungssystemen trainieren, können auf diese Art und Weise speziell ihr Quergewölbe stützen, ohne dass eine Schwächung der übrigen Fußmuskulatur erfolgt oder der natürliche Bewegungsablauf beeinflusst wird.

Einlagen im Triathlon

Für die Situation jedoch ebenso wichtig ist die unter geänderten biomechanischen Voraussetzungen nicht voll entfaltbare Leistungsfähigkeit. Gerade Triathleten tragen aufgrund der schnellen Wechsel vom Radfahren in die Laufschuhe selten Socken. So fühlen sie sich durch die oft härteren orthopädischen Einlagen im Wettkampfschuh gestört oder bekommen Blasen (Abb. 8.13).

Ein Lauf in Schuhen aber, die die Beine vor völlig andere Aufgaben stellen als die Trainingsschuhe, ist ab Streckenlängen von über 5.000 Metern (darunter steht die Wechselzeit bestimmt absolut im Vordergrund) sicher von Nachteil. Kein Triathlet würde mit einer Änderung seiner Sitzposition im Wettkampf die eingespielte Biomechanik seines Körpers auf dem Rad gefährden. Für das Laufen sollte gleiches gelten!

IRONMAN
492

So gelingt der Einstieg

So gelingt der Einstieg

Bei allen Dingen, die man im Leben neu beginnt, tritt anfangs das eine oder andere Problem auf. Auch bei einer Technikumstellung auf das Vorfußlaufen werden sie für eine gewisse Phase mit Herausforderungen konfrontiert werden. Solche Anfangsschwierigkeiten sind jedoch mit den richtigen Tipps und Tricks zu lösen. Im letzten Kapitel besprechen wir deshalb einen Teil der klassischen Stolpersteine, damit Sie im Falle eines Falles wissen, was zu tun ist.

Aller Anfang ist schwer

Gerade der oft so empfindliche Bewegungsapparat des Läufers liebt es natürlich nicht, von einem Tag auf den anderen völlig anders trainiert und belastet zu werden. Ein eventuell zuvor nicht regelmäßig durchgeführtes Krafttraining, neue Übungen für die Fußmuskulatur, anderes Schuhwerk... Die Palette der Neuigkeiten nimmt kaum ein Ende und so ist es nur normal, dass die Verletzungsgefahr in den ersten Wochen höher ist als zuvor. Seien Sie also vorsichtig und trainieren Sie mit Bedacht!

Es muss Sie nicht weiter beunruhigen, wenn sich in der Aufbauphase die Sehnen, Bänder und neu belasteten Muskeln bemerkbar machen. Es wird Sie in den ersten Wochen bestimmt mal hier und mal da zwicken. Dies geht in den allermeisten Fällen vorbei, aber nur, wenn Sie auf diese Signale Ihres Körpers hören. Ihr Körper teilt Ihnen mit, dass er mit den gegenwärtigen Aufgabenstellungen noch überfordert ist. Sie sollten darauf mit einer entsprechenden Verringerung der Belastung reagieren.

Aber auch harmlosere Beschwerden können am Anfang eine zu schnelle Belastungssteigerung verhindern. Muskuläre Überlastungen im Sinne eines Muskelkaters sind beim Sportler, der sich zum ersten Mal einem Krafttraining zuwendet, schwer zu vermeiden. Auch hier gilt: Planen Sie ausreichende Regenerationsphasen ein und ignorieren Sie niemals die Warnzeichen ihres Körpers!

Muskelkater in der Wade

Besonders vorfußlaufspezifisch sind allerdings die Überlastungsreaktionen der Wadenmuskulatur zu Beginn des eigentlichen Lauftrainings und der ersten Dauerläufe. Muskelkater bis hin zum muskulären Hartspann können so über einige Zeit

TIPP

So beugen Sie Verletzungen vor

Auch der unbedingt gewissenhaft zu befolgende **gut strukturierte Trainingsaufbau** aus Kraft, Koordination und lauftechnischen Übungen kann anfänglichen Beschwerden am Bewegungsapparat nicht immer vermeiden. Wie man Ihnen im Einzelfall sinnvoll begegnen kann, hängt sehr von den Umständen des Sportlers ab. Horchen Sie sorgfältig in sich hinein und ignorieren Sie niemals die Warnsignale Ihres Körpers. Lassen Sie sich genügend Zeit für die Umstellung!

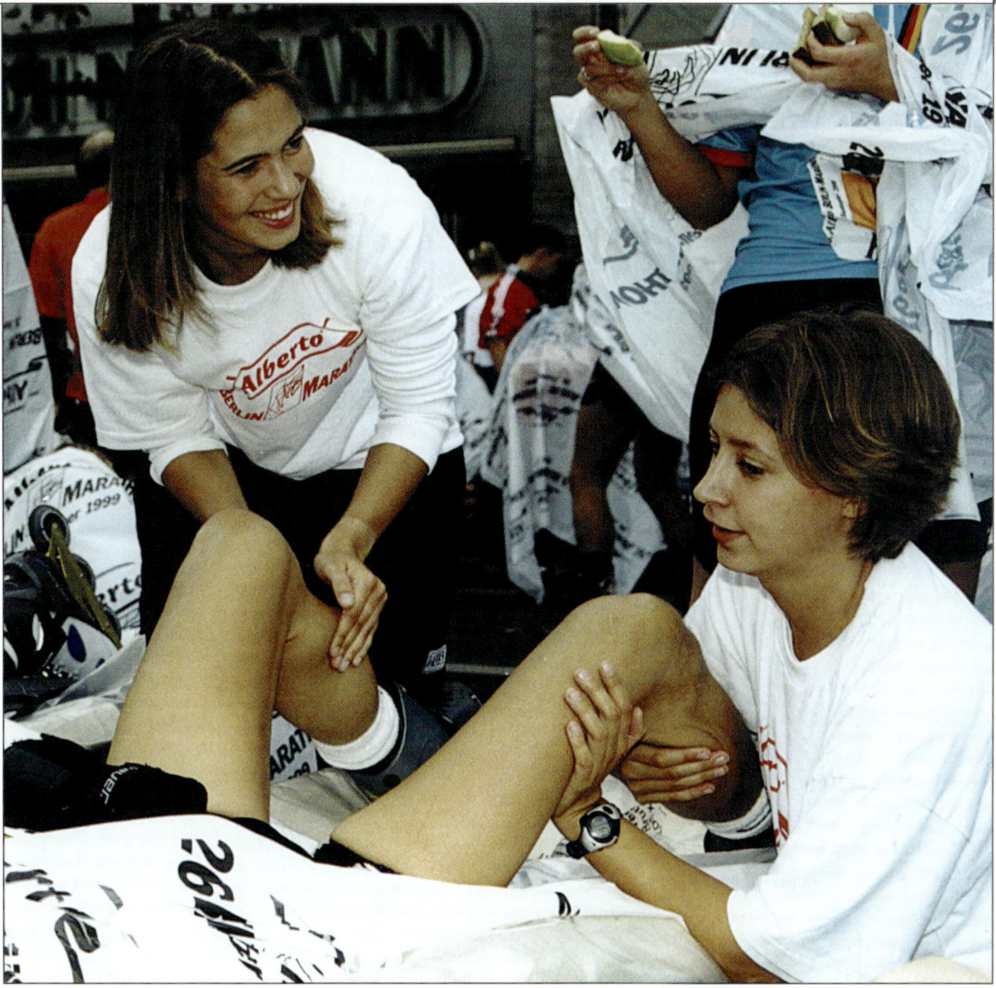

Abb. 9.1: Eine fachmännische Massage sorgt für den Abtransport von Stoffwechselprodukten.

das Training des Sportlers begleiten oder eben verhindern. Diese Reaktionen unterstreichen die Notwenigkeit der Aufbauphase aus Kraft- und allgemeinem Koordinationstraining, um die Wadenmuskulatur vorzubereiten. Ferner werden sich solche Reaktionen auch nur mit einer sorgfältigen und langsamen Steigerung der Umfänge Ihrer Dauerläufe im Zaum halten lassen.

Hausmittel helfen

Kommt es dennoch zu Schwierigkeiten, können Sie Ihren gepeinigten Waden mit bekannten Hausmitteln auf die Sprünge helfen. Suchen Sie eine Sauna auf oder machen Sie sich heiße Wadenwickel, um die Durchblutung des Gewebes anzukurbeln. Eine Beschleunigung der Reparaturprozesse und einen schnelleren Abtransport von Stoffwechselprodukten kann ebenso eine fachmännisch durchgeführte Massage bewirken. Vorsichtiges Stretching der Muskulatur nach dem Training hat sich ebenso als hilfreich in der Prophylaxe erwiesen und sollte deshalb in Ihrem Trainingsplan nicht fehlen.

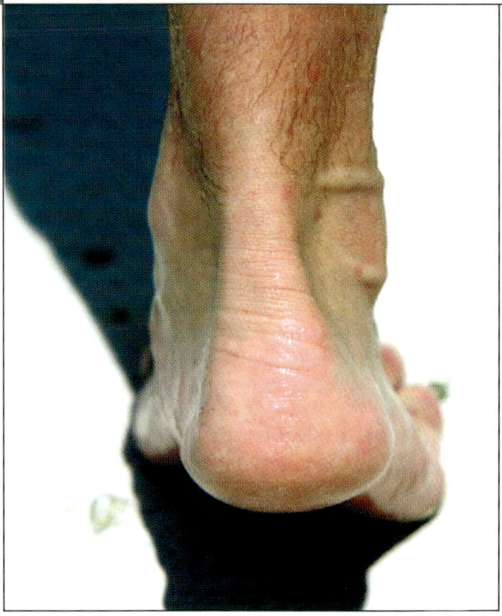

Die Achillessehne – Problemzone der Vorfußläufer

Die oft überlastete Wadenmuskulatur lenkt unsere Aufmerksamkeit auch auf die Achillessehne. Die Überlastung dieser Sehne, die sowohl beim Vor- als auch beim Rückfußläufer zur Entzündungsreaktion führen kann, wird gerne als vermeintlich schlagkräftiges Argument gegen die Vorfußlauftechnik ins Feld geführt. Nun, sicher ist die Arbeit, die diese Sehne zu verrichten hat, beim Ballenläufer größer als beim Fersenläufer, da die Wadenmuskulatur das Körpergewicht ausfedert. Aber führt eine hohe Belastung automatisch zu Überlastungsreaktionen? Nein! Zur Überlastungsreaktion führt eine Belastung, die größer ist als die Belastbarkeit der entsprechenden Struktur. Die absolute Größe der Belastung spielt dabei also eine untergeordnete Rolle. Auf das Verhältnis kommt es an.

Es gibt eine große Palette von Faktoren, die die Belastbarkeit der Achillessehne senken können. Diese finden sich beim Vorfußlaufen genauso wie bei allen anderen Lauftechniken in unterschiedlichem Ausmaß. Wer also zu solchen Beschwerden neigt, der sollte die entsprechenden Faktoren untersuchen und nicht von vornherein sein Heil im Rückfußlaufstil suchen.

Die richtigen Schuhe sind das A und O

Zu den schwächenden Faktoren kann (muss aber nicht) beispielsweise die Überpronation zählen. Diese Problematik lässt sich unter Umständen durch das Laufen auf dem Vorfuß positiv beeinflussen. Der durch die Supinationsfehlstellung bedingte so genannte Varusstress der besprochenen Sehne betrifft indes beide Läufergruppen gleichermaßen, leitet jedoch über zum Thema Schuhversorgung. Eine durch falsches Schuhwerk ausgelöste Fehlstellung im Sinne der Supination ist sicher kein seltenes Problem. Die korrekte Schuhwahl ist deshalb ein Bereich, der sowohl beim Vor- als auch beim Rückfußläufer der Achillessehnenreizung vorbeugen kann.

Auch eine geschwächte Fußmuskulatur spielt bei der Entstehung dieser Beschwerden eine Rolle. Häufiges Barfußlaufen und entsprechende gymnastische Übungen erhöhen folglich die Belastbarkeit der stärksten Sehne unseres Körpers. Bestimmte Anomalitäten wie beispielsweise eine eingesteifte Großzehe (Hallux rigidus), über die nicht mehr vernünftig abgerollt werden kann, sind seltenere Auslöser des Krankheitsbildes, dem man mit orthopädischen Hilfsmitteln entgegen wirken kann.

Nochmals: Trainieren Sie Ihre Waden!

Auf der Suche nach dem schwächsten Glied in der Kette wiegt allerdings die

TIPP

So beugen Sie Verletzungen vor

Die **Achillessehnenentzündung** entsteht bei einer Beanspruchung, der die zu geringe Belastbarkeit der Strukturen nicht standhält. Es gibt zahlreiche beeinflussbare Faktoren, die sowohl beim Vor- als auch beim Rückfußläufer die Belastungsverträglichkeit der Sehne vermindern können.

mangelnde Ausbildung der Wadenkraft am schwersten. Sie haben bereits in Kapitel 3 erfahren, dass die optimale Ausarbeitung der Kraft- und Koordinationseigenschaften der Wadenmuskulatur der Achillessehnenreizung wirksam vorbeugen kann. Nur durch ein differenziertes Krafttraining von Zwillingswaden- und Schollenmuskel kann man die Wadenmuskulatur adäquat auf die neue Belastung vorbereiteten. Dies sollte kombiniert werden mit einem ausführlichen Dehnungsprogramm der Wade, um auch ihrer Verkürzung vorzubeugen, dem letzten Auslöser von Achillessehnenentzündungen in dieser Auflistung.

Aufgrund der großen Vielfalt der Ursachen wird sich die Achillessehnenentzündung eher selten nur mit der erhöhten Belastung durch die Vorfußtechnik begründen lassen. Bevor man einzig die Lauftechnik für ein solches Geschehen verantwortlich macht, sollte man andere Störfaktoren ausgeschlossen haben.

Aber auch andere Sehnen und Muskeln erfahren neue Aufgaben, sobald Sie auf dem Vorfuß ihre natürliche Bewegungskontrolle aktivieren. Sie haben gelernt, dass der lange Großzehenbeuger und der hintere Schienbeinmuskel (s. Kapitel 1) als natürliche Pronationsstütze agieren. Überlastungsreaktionen nach Trainingsbeginn entlang ihres Verlaufs um den Innenknöchel und im Falle des Großzehenbeugers auch im Bereich der Fußsohle sind nicht auszuschließen. Der auslösende Mechanismus des Problems ist den anderen diskutierten Überlastungen ähnlich: Der Körper muss sich an diese neue (durch das Rückfußlaufen verlernte) Belastung erst adaptieren. Unterstützen können Sie ihn durch ein gutes Training dieser Muskulatur: Barfußlaufen, Fußgymnastik und der Einsatz von Kippelbrettern und Therapiekreiseln werden die Strukturen in ihrer Belastbarkeit rasch fördern.

TIPP

So beugen Sie Verletzungen vor

Jegliche neu geforderte Muskelgruppe muss ähnlich der Achillessehne mit spezifischen Kräftigungsübungen und einer **sorgfältigen Steigerung der Belastung** an die neue Aufgabenstellung herangeführt werden. Dies gilt auch für den langen Großzehenbeuger und den hinteren Schienbeinmuskel, die beide eine aktive Pronationskorrektur beim Vorfußläufer ausüben.

TIPP

So beugen Sie Verletzungen vor

Bei **langwierigen Vorfußbeschwerden**, die nach einem Wechsel auf das Vorfußlaufen aufgetreten sind, muss neben dem Verdacht auf Spreizfußbeschwerden auch immer an eine Stressfraktur (sog. Marschfraktur) als Ursache gedacht werden.

Spreizfußbeschwerden

Die bereits diskutierten Spreizfußbeschwerden könnten beim Vorfußläufer tatsächlich häufiger auftreten als beim Rückfußläufer, da das Quergewölbe ohne Zweifel wesentlich stärker belastet wird als beim Abrollen über die Ferse. Sie haben bereits erfahren, dass die Dämpfung (besonders in Form eines „Inlays") das Quergewölbe in eine durchhängende schmerzhafte Position bringen kann.

Abhilfe schaffen hier oftmals festere Schuhe im Vorfuß, in schwereren Fällen jedoch nur eine orthopädische Einlagenversorgung in Form einer Pelotte. Ferner kann der Sportler darauf achten, dass sein Sportschuh nicht zu breit ist, damit der Vorfuß nicht noch weiter auseinander driften kann. Andererseits darf er auch nicht zu sehr zusammen gedrückt werden. Eine regelmäßige Fußgymnastik kann unter Umständen die Gewölbeverspannung etwas reaktivieren und sollte so die anderen Maßnahmen begleiten.

Die Vorfußsupination

Eine Supination gerade im Vorfußbereich, die zu unangenehmen Reaktionen der Unterschenkelmuskulatur führen kann, ist beim Vorfußläufer nicht unwahrscheinlich. Über Beschwerden und die Versorgung haben Sie in den vorigen Kapiteln bereits das Wichtigste erfahren. Der Einsatz einer vorderen Außenranderhöhung von ungefähr zwei Millimetern sollte nach entsprechender fachmännischer Kontrolle zur Verminderung der Problematik vom erfahrenen Orthopädiemechaniker im Schuh ergänzt werden.

Bremsen Sie sich nicht selbst aus!

Zum Abschluss sollen an dieser Stelle zwei häufige Probleme aus dem lauftechnischen Bereich angesprochen werden, die anfangs immer wieder für Verdruss sorgen. Anfänger berichten gerade bei niedrigerem Tempo häufig über eine permanente Stoppbewe-

INFO

Stoppbewegungen beim Laufen

Den anfänglichen Stoppbewegungen beim Vorfußlaufen liegt eine ungenügende Zugphase in der Laufbewegung zugrunde. Man erlernt diese am ehesten durch schnellere Intervallläufe und kann diese Technik nach einigen Wochen auch bei Dauerläufen in niedrigerem Tempo anwenden.

Abb. 9.2: Für das Bergablaufen ist das Vorfußlaufen nicht ideal. Hier läuft man besser unter einer guten Spannung der Unterschenkelmuskulatur über den Rückfuß.

gung ihres aufsetzenden Fußes. Diese unangenehme Erscheinung beruht auf der mangelnden Zugbewegung. In Kapitel 1 haben Sie gelesen, dass der Fuß vom Moment des Aufsetzens an eine aktive Bewegung nach hinten durchführen sollte. Man kann dieses schulen, indem man zunächst zügigere Tempoarbeit in Form von Intervallen durchführt um sich an diesen Ablauf zu gewöhnen. Mit wachsenden koordinativen Fähigkeiten und der notwendigen Übung wird sich auch bei niedrigerem Tempo eine saubere Bewegung ausführen lassen, die zu keiner Stoppbewegung mehr führt.

Bergab: Besser auf dem Rückfuß

Ein anderes Problem für den Neuling unter den Vorfußläufern ist das Bergablaufen. Ein Gefälle vereitelt eine Bewegung auf dem Vorfuß fast völlig. Und tatsächlich sollte man sich auch kaum bemühen in solchen Situationen den Vorfuß zuerst aufzusetzen. Effektiver ist es mit dem hinteren Teil des Fußes die Bewegung auf der Außenkante einzuleiten und mit gut vorgespannter Unterschenkelmuskulatur aktiv die Pronationsbewegung auszubremsen und langsam den Fuß von der hinteren Außenkante diagonal zur Großzehe zu rollen. So lassen sich auch beim Bergablauf mit einer auf dem Rück- bis Mittelfuß begonnen Bewegung die Stöße der Laufbewegung in eine sanfte Bewegung überführen.

INFO

Bergablaufen

Für steilere Bergabpassagen ist die Vorfußlauftechnik ungeeignet. Hier ist eine Abrollbewegung über den Rückfuß angezeigt, bei der die Pronationsbewegung von der hinteren Außenkante des Fußes aus gegen die gut gespannten Unterschenkelmuskeln sehr aktiv ausgeführt werden sollte.

Nachwort

Sie haben es geschafft! Ich hoffe, die Anregungen, Ratschläge und Hinweise haben Sie an mancher Stelle des Buches zum Überdenken Ihres bisherigen Trainings gebracht. Vielleicht begreifen Sie Laufen nun als eine Sportart, in der das Erlernen der richtigen Technik hilfreich ist, um den Spaß an der Bewegung zu erhöhen und die Risiken zu minimieren.

Jedoch, und das soll abschließend nochmals angemerkt werden, muss Vorfußlaufen nicht für jeden Läufer die optimale Lösung darstellen. Je nach individuellem Anspruch, nach persönlicher Zielsetzung und nach den körperlichen Gegebenheiten des Sportlers können auch andere Lauftechniken oder gar andere Sportarten sinnvoll sein. Nicht jeder kann und muss so laufen, wie es in diesem Buch beschrieben wird!

Wer bei der Lektüre dieses Buches festgestellt hat, dass ihm der Aufwand zum Erlernen der Vorfußlauftechnik zu groß ist, der kann die Anregungen zum Training von Kraft, Koordination und Beweglichkeit sowie einer sinnvollen Auswahl des Schuhwerks gerne auf seine alte Lauftechnik anwenden. Auch hier werden sie ihren Beitrag zu einer gesünderen, effektiveren und eleganteren Sportausübung leisten.

Den meisten jedoch wird das Vorfußlaufen als Belohnung für die zu erbringende Arbeit eine neue Eleganz, eine neue Leichtigkeit und hoffentlich noch mehr Spaß beim Lauftraining bringen.

Matthias Marquardt

Über den Autor

Matthias Marquardt wurde 1977 geboren und begann nach seinem Abitur das Studium der Medizin an der Universität Göttingen. Nach dem Physikum wechselte er an die Medizinische Universität zu Lübeck, wo er zurzeit studienbegleitend zur Fragestellung von Zinkverlusten bei Athleten im Ausdauerleistungssport promoviert.

Marquardt ist Inhaber einer Trainerlizenz im Triathlon und seit vielen Jahren in der Betreuung von Freizeit- und Leistungssportlern tätig. Nebenbei war der aktive Vorfußläufer, Triathlet und Drei-Stunden-Marathonläufer von der Firma adidas Salomon AG für die Schulung von Verkaufspersonal im Sportschuhbereich engagiert. Sein orthopädisches und sportmedizinisches Fachwissen mit dem Schwerpunkt der Schuhversorgung präsentiert er seit 1999 in den Fachzeitschriften RUNNING – Das Laufmagazin und TRIATHLON – Das Multisportmagazin.

Im Rahmen dieser sportjournalistischen Tätigkeit wurde er besonders durch die kritische Hinterfragung der heutigen Sportschuhversorgung und seine Konzepte zur Verletzungsprophylaxe im Laufsport bekannt. Marquardt leitet außerdem erfolgreich Seminare und Laufcamps zu Fragen der Lauftechnik und Verletzungsprophylaxe.

Die Entstehungsgeschichte von „Natürlich laufen"

Vorfußlaufen – ein Thema kommt in Läuferkreisen immer mehr in Mode. Doch wer tiefergehende Informationen zu diesem Trend suchte, der stieß bisher ins Leere: Die Geheimnisse der Vorfußlauftechnik waren ein wohlgehütetes Geheimnis einiger Spitzentrainer der Leichtathletik. Diejenigen, die die Technik der Topstars einfach nur so kopieren wollten, erlebten allzu oft ihr persönliches Waterloo: Schmerzen, Verletzungen und Enttäuschungen, weil ein Leitfaden fehlte.

In der Literatur fand sich bisher nur der eine oder andere Artikel in einer Fachzeitschrift. Die gängigen Laufbücher gingen auf die Thematik des Vorfußlaufens nur oberflächlich ein, ohne ein Gesamtkonzept zu bieten. Auch von der Laufschuhindustrie wurden die Vorfußläufer als Randgruppe oftmals verkannt. In Internetforen wurde das Thema vielerorts kontrovers und leider viel zu oft unsachlich und emotional diskutiert.

Doch das orthopädische Knowhow, der Einblick in Verletzungsstatistiken, die jahrelange Arbeit mit Sportlerinnen und Sportlern verschiedener Disziplinen und Leistungsklassen zeigten immer wieder: Das Plumpsen auf die Ferse und das klassische Abrollen im pronationsgestützten und gedämpften Laufschuh können nicht der Weisheit letzter Schluss sein!

Aus der immer tiefer gehenden Recherche in Werken der Sportorthopädie und Biomechanik und den positiven Rückmeldungen der Athleten auf die Technikumstellung entstand die Motivation zu diesem Buch.

Mit „Natürlich laufen" haben auch alle Beteiligten einen Reifungsprozess durchlebt. Der Weg vom ersten Manuskript zum fertigen Buch kann länger, zäher und steiniger sein als jede Marathonstrecke – aber auch viel Spaß machen. Immer wieder wurde an Grafiken und Texten gefeilt, wurden Bilder und Formulierungen gesucht und gefunden, um später wieder ausgetauscht zu werden. Fotolocations wurden ausfindig gemacht, Experten kontaktiert, die Website eingerichtet, ein Vertriebs- und Werbekonzept erstellt.

Für die Bebilderung des Buches – wir suchten eine Sportlerin mit Ausstrahlung und Erfahrung in Technikübungen & Co. – erhielten wir Schützenhilfe aus der Chefetage: Der Präsident der Deutschen Triathlon-Union überzeugte seine Tochter Lisa unsere Idee zu unterstützen und uns ein Wochenende ins Fotostudio zu begleiten – ein Glücksgriff, wie Sie in den vorangegangen Kapiteln gesehen haben.

Uns allen hat die Arbeit an „Natürlich laufen" viel Spaß gemacht. Ihnen auch? Verlag und Autor würden sich sehr über die eine oder andere Kritik zu diesem Buch freuen. Ihre Ansprechpartner für Lob und Tadel finden Sie auf Seite 2.

DER VERLAG

Richtig betriebener Ausdauersport ist gesund. Diese Tatsache hat nicht nur Bedeutung für den einzelnen Athleten, sondern auch für unsere gesamte Bevölkerung: Auf der einen Seite werden die Menschen immer älter, auf der anderen die Mittel für ihre Gesunderhaltung immer knapper. Wussten Sie, dass jeder Deutsche statistisch gesehen fast 20 Arzneimittelpackungen pro Jahr aufbraucht?

Nur eine wesentlich stärkere Betonung des Präventionsgedankens kann hier langfristig und nahezu kostenneutral Abhilfe schaffen. Das Team der spomedis GmbH möchte seinen eigenen kleinen Beitrag zum Ausweg aus diesem Dilemma leisten: Die Menschen zum Sport motivieren und Ihnen Tipps für das gesunde Sporttreiben mit auf den Weg geben – das ist unsere Auffassung einer modernen, aber anderen Medizin. Diesen Gedanken, der gleichermaßen im Gesundheits-, Breiten-, Leistungs- und Spitzensport gilt, verfolgen wir auch als Redaktion der Sportzeitschriften RUNNING – Das Laufmagazin und TRIATHLON – Das Multisportmagazin.

Unser Motto lautet: Laufe nie in den Fußstapfen eines anderen! Wenn du immer nur die ausgetretenen Pfade anderer benutzt, dann lässt du erstens keine eigenen Spuren zurück. Zweitens wirst du deinen Vorgänger nie überholen. Und drittens kommst du immer nur dort an, wo andere längst waren.

Besuchen Sie uns im Internet:

www.spomedis.de

Stichwortverzeichnis

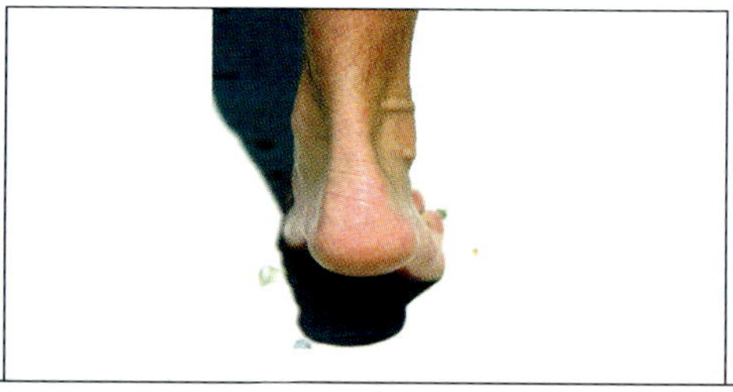

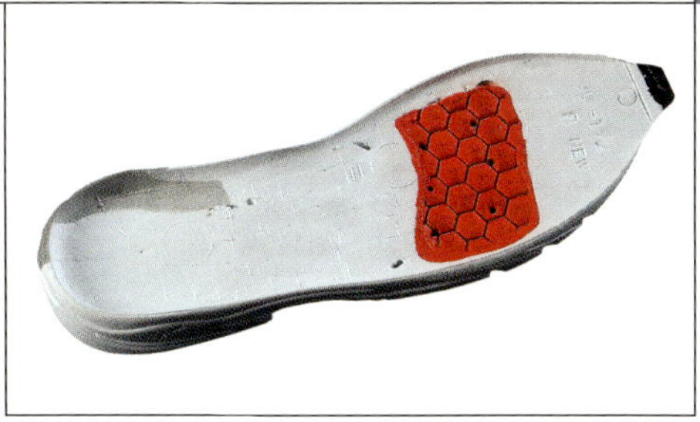

Bildnachweis

adidas Salomon AG: S. 68-69

Claudia Bruns: S. 27, 46-47, 56, 59, 60, 61, 62, 63, 64, 65, 66, 67, 74, 75, 76, 78, 79, 84, 85, 86, 87, 88, 89, 90, 91, 118, 119, 123, 125, 127, 128, 129, 130, 133, 159

FILA Deutschland: S. 134

Björn Gustafsson: S. 23, 26, 27, 140, 141, 142, 144, 145, 146, 147

Silke Insel: S. 17, 35, 97, 98, 102-103, 113, 114, 154, 157

Nike Deutschland: S. 81-82, 112

Loos Entertain: S. 9

Armin Schirmaier: S. 8, 135, 149

Dr. Ulrich Strunz: S. 10, 11

Frank Wechsel: S. 12, 13, 14-15, 19, 22, 24, 25, 27, 28, 29, 30, 31, 33, 36-37, 39, 41, 45, 51, 54, 55, 56, 57, 58, 59, 72, 77, 83, 92, 93, 94, 96, 97, 100-101, 104, 105, 107, 111, 115, 121, 124, 136-137, 138-139, 140, 145, 150-151, 153

Wir danken

Christian Lampe und **Michael Klases** für die grafische Umsetzung unserer Wünsche.
Dr. Thomas Wessinghage und **Dr. Ulrich Strunz** für die Vorworte.
Björn Gustafsson, Currex GmbH, für die kompetente Beratung in allen Fragen aus dem komplexen Gebiet der Biomechanik und für die Spezial-Fotos.
Der **Kriwat GmbH**, **Professional Fitness Lübeck**, der Abteilung für **Rehabilitative und Präventive Sportmedizin** der Universitätsklinik Freiburg sowie **Tahiti Tourisme** und **Travel Marketing Romberg** für die Bereitstellung der Foto-Locations.
Der **adidas Salomon AG** für die Ausstattung des Fotomodels.
Lisa Müller-Ott für ihr Lächeln.
Claudia Bruns für das professionelle Fotoshooting.
Victoria Banczyk für die Gestaltung von www.natuerlich-laufen.de.
Silke Insel für die physiotherapeutische Beratung.
Marcus Marquardt für die wirtschaftliche Begleitung dieses Projektes.
Allen **Läuferinnen und Läufern** und den **Lesern der Magazine RUNNING und TRIATHLON** für ihre Ideen, ihre Vorschläge und ihr Feedback.

Silke und Vicky für ihre große Geduld.

Matthias Marquardt
Autor

Frank Wechsel
Verleger